2016
中国法治建设
年度报告

（中英文）

中国法学会

法律出版社
LAW PRESS·CHINA

目　录

Table of Contents

前　言

2016年，中国在中国共产党的坚强领导下，坚定不移走中国特色社会主义法治道路，坚定不移全面推进依法治国，法治建设取得新的伟大成就：坚持科学立法、民主立法，立法质量越来越好；深入推进依法行政，严格规范公正文明执法，法治政府建设成效显著；强力推动司法改革，完善司法管理体制和司法权力运行机制，规范司法行为，加强对司法活动的监督，司法公信力进一步提升；广泛开展法治宣传教育，健全普法宣传教育机制，全民法治观念明显增强；不断创新发展法学教育和法学研究工作，中国特色社会主义法治文化建设成果丰硕。2016年，中国立法、执法、司法、普法、法治宣传等各领域的生动实践，昭示出法治中国建设的美好前景。

一、关于全国人大及其常委会的立法工作和监督工作

2016年，中国全国人大及其常委会共制定法律10件，修改法律24件，通过有关法律问题的决定6件，作出1个法律解释。截至2016年12月底，中国除现行宪法外，现行有效的法律共256件。

（一）加强重点领域立法

——制定慈善法。慈善法是社会领域的重要法律，是慈善制度建设的基础性、综合性法律。3月，第十二届全国人大四次会议审议通过了慈善法。该法的主要内容：一是明确慈善法的调整范围，规定慈善活动是指自然人、法人和其他组织以捐赠财产或者提供服务等方式，扶贫、济困、扶老、救孤、恤病、助残、优抚，救助自然灾害、事故灾难和公共卫生事件等突发事件造成的损害，以及促进教科文卫体事业发展、保护环境等领域自愿开展的公益活动。二是明确慈善组织的定义及设立程序，规范慈善组织的行为准则和内部治理，并对慈善组织的信息公开义务作出规定。三是明确慈善募捐包

括面向社会公众的公开募捐和面向特定对象的定向募捐，并重点对公开募捐作出规范。四是明确慈善信托的备案制度、受托人的范围以及受托人、监察人的义务。五是规范慈善财产的使用，明确慈善组织的财产应当根据章程和捐赠协议的规定全部用于慈善目的。此外，还对慈善服务、慈善事业发展的促进措施、慈善活动的监督管理、服务引导以及慈善领域违法行为的法律责任等作出规定。

——制定境外非政府组织境内活动管理法。为了规范境外非政府组织在中国境内的活动，保障其合法权益，促进交往与合作，4 月，全国人大常委会审议通过了境外非政府组织境内活动管理法。该法规定，境外非政府组织是指在境外合法成立的基金会、社会团体、智库机构等非营利、非政府的社会组织，可依照本法在经济、教育、科技、文化、卫生、体育、环保等领域和济困、救灾等方面开展有利于公益事业发展的活动。该法还规定了境外非政府组织在中国境内开展活动的方式、程序和便利措施，健全完善了相关管理制度和措施，重点加强对经费来源、资金使用等情况的监管，并明确了相应的法律责任。

——制定网络安全法。网络安全法是网络安全领域的基础性法律。11 月，全国人大常委会审议通过了网络安全法。这部法律正确处理网络空间自由和秩序、安全和发展、自主和开放的关系，遵循积极利用、科学发展、依法管理、确保安全的方针，明确了有关主管部门和企业等网络运营者、网络使用者的网络安全责任，确立了保障国家网络安全的各方面基本管理制度，为维护网络空间安全和秩序、保护人民群众合法权益提供了法治保障。

——制定中医药法。中医药是中华民族的瑰宝，是我国医药卫生事业的重要组成部分。12月，全国人大常委会审议通过了中医药法。该法的主要内容：一是明确中医药事业的重要地位和发展方针，规定中医药是包括汉族和少数民族医药在内的我国各民族医药的统称，明确国家大力发展中医药事业，实行中西医并重的方针。二是发展中医药服务，保持和发挥中医药特色和优势。三是建立符合中医药特点的管理制度。四是加大对中医药事业的扶持力度。五是加强对中医医疗服务和中药生产经营的监管。六是加强中医药人才培养。此外，还规定了支持中医药继承创新、推动和规范中医药文化传播以及法律责任等内容。

——制定公共文化服务保障法。公共文化服务保障法是文化领域的综合性、全局性、基础性重要法律。12月，全国人大常委会审议通过了公共文化服务保障法。该法的主要内容：一是明确公共文化服务的范围，即由政府主导、社会力量参与，以满足公民基本文化需求为主要目的而提供的公共文化设施、文化产品、文化活动以及其他相关服务。二是明确公共文化服务应当遵循的原则，即应当坚持社会主义先进文化前进方向，坚持以人民为中心，坚持以社会主义核心价值观为引领；应当按照“百花齐放、百家争鸣”的方针，支持优秀公共文化产品的创作生产，丰富公共文化服务内容。三是明确基本公共文化服务标准和公共文化服务设施免费或优惠开放、公共文化服务公示等制度。四是规定政府在公共文化服务工作中的职责。五是规定公共文化设施拆除与重建的程序。六是规定加强公共文化服务数字化和网络建设。七是规定提高公共文化服务的效能。此外，还对公共文化服务的经费保障、监督管理、队伍建设以及违法行为的法律责任等作出规定。

——制定环境保护税法。12 月，全国人大常委会审议通过了环境保护税法，这是本届全国人大常委会审议通过的第一部税收法律。该法以现行排污费制度为基础，与新修订的环境保护法相衔接，按照“税负平移”的原则，明确了环境保护税的纳税人、征税对象、计税依据、税目税额和征收管理等制度。

——修改野生动物保护法。7 月，全国人大常委会对野生动物保护法作出修改。这次修改，坚持保护优先、规范利用、严格监管的原则，进一步加强对野生动物及其栖息地的保护，完善野生动物保护管理制度和相关措施，明确禁止生产经营使用国家重点保护野生动物及其制品制作的食品，明确禁止为食用非法购买国家重点保护的野生动物及其制品。加大对违法捕猎、经营利用野生动物及非法贸易的防范和处罚力度。

——修改民办教育促进法。为了推进分类管理改革、促进民办教育健康发展，11月，全国人大常委会审议通过了关于修改民办教育促进法的决定，明确对民办学校实行分类管理，不得设立实施义务教育的营利性民办学校，健全民办学校法人治理机制，完善政府对民办学校的扶持措施，并对现有民办学校的过渡问题等作出规定。

2016年，全国人大常委会还制定了深海海底区域资源勘探开发法、资产评估法、国防交通法、电影产业促进法，修改了海洋环境保护法，审议了红十字会法、中小企业促进法、测绘法修订草案和核安全法、国家情报法、电子商务法、水污染防治法修正案草案等。2016年，全国人大常委会还三次审议了民法总则草案。

（二）支持和保障相关领域改革

——依法作出授权决定，为改革试点工作提供依据。深化国家监察体制改革是事关全局的重大政治体制改革。根据“凡属重大改革都要于法有据”的精神，全国人大常委会作出关于在北京市、山西省、浙江省开展国家监察体制改革试点工作的决定。明确在试点地区设立监察委员会，行使监察职权；监察委员会由本级人大产生，对本级人大及其常委会和上一级监察委员会负责，并接受监督；监察委员会按照管理权限，对本地区所有行使公权力的公职人员依法实施监察；在试点地区暂时调整或者暂时停止适用行政监察法和刑事诉讼法、地方组织法等有关法律规定。

全国人大常委会还作出了关于授权最高人民法院、最高人民检察院在部分地区开展刑事案件认罪认罚从宽制度试点工作的决定，关于授权国务院在部分地区和部分在京中央机关暂时调整适用《中华人民共和国公务员法》有关规定的决定，关于授权国务院在河北省邯郸市等12个试点城市行政区域暂时调整适用《中华人民共和国社会保险法》有关规定的决定，关于军官制度改革期间暂时调整适用相关法律规定的决定。

——统筹修改多部法律，持续推进相关领域改革。7月，全国人大常委会通过关于修改节约能源法等6部法律的决定，进一步优化投资审批流程，提高行政审批效率。11月，通过关于修改对外贸易法等12部法律的决定，对法律中涉及行政审批和职业资格认定等同类或者相关条款一并作出修改。这两次统筹修改法律，为深化简政放权、放管结合、优化服务改革和推进政府职能转变提供了法律支持和保障。2013年8月和2014年12

月，全国人大常委会先后两次作出决定，授权国务院在上海、广东、天津、福建自由贸易试验区暂时调整有关法律规定的行政审批，并明确规定相关改革措施在“三年内试行，对实践证明可行的，应当修改完善有关法律”。国务院在认真总结试点经验后提出议案，常委会于2016年9月对外资企业法、中外合资经营企业法、中外合作经营企业法、台湾同胞投资保护法等4部法律作出统筹修改，将自由贸易试验区试点的改革措施上升为法律，同时相应终止两个授权决定的法律效力。

（三）对香港基本法第一百零四条作出解释

针对香港特别行政区立法会个别候任议员在宣誓时蓄意宣扬“港独”主张、侮辱国家和民族的言行，在香港特别行政区立法会内部乃至香港社会引发的争议，全国人大常委会行使宪法和香港基本法赋予的权力，通过了关于中华人民共和国香港特别行政区基本法第一百零四条的解释，明确该条规定的“拥护中华人民共和国香港特别行政区基本法，效忠中华人民共和国香港特别行政区”，既是该条规定的宣誓必须包含的法定内容，也是参选或者出任该条所列公职的法定要求和条件；明确宣誓就职必须遵循的法定程序和内容；明确违反宣誓规定丧失就职资格的法律后果以及作出虚假宣誓或者违反誓言的法律责任。

（四）推进科学立法、民主立法

全国人大常委会注重进一步完善立法工作机制和方式方法，加强立法工作组织协调，不断提高立法工作精准化水平。一是出台《关于建立健全全国人大专门委员会、常委会工作机构组织起草重要法律草案制度的实施意见》，加强人大对立法工作的组织协调，充分发挥人大在立法工作中的主导作用。二是健全法律草案征求代表意见制度，邀请代表参与立法调研、论证、审议、评估等工作，认真听取和采纳代表的意见建议，更好发挥人大代表在立法工作中的作用。三是制定《立法项目征集和论证工作规范》，完善立法项目征集和论证制度，推进立法工作规范化、制度化建设。四是成立立法专家委员会，发挥立法专家顾问作用。五是积极推进基层立法联系点建设，先后就7部法律草案和2017年立法工作计划稿征求4个联系点意见，使立法工作更加接地气、察民情。六是召开第二十二次全国地方立法研讨会，加强对地方立法工作的指导和推动，进一步落实赋予设区的市地方立法权工作。

（五）关于全国人大常委会的监督工作

2016年，全国人大常委会依法行使监督权，坚持问题导向，加大监督力度，创新监督方式，促进“一府两院”依法行政、公正司法，保障人民群众合法权益得到切实维护，保证党中央重大决策部署得到全面落实。

——对法律实施情况进行检查。2016年，全国人大常委会共检查食品安全法、安全生产法、道路交通安全法、环境保护法、水法、促进科技成果转化法等6部法律的实施情况。

对食品安全法，重点检查了风险监测、风险评估、风险分级管理等预防为主、风险防范的法律制度的落实，全过程监管法律制度的落实，法律责任制度的落实，特殊食品等监管，食品安全实行社会共治相关法律制度的落实等情况。对安全生产法，重点检查了近年来安全生产制度体系建设，安全生产法宣传贯彻，相关部门落实法律监管要求的相应措施，我国安全生产工作中存在的主要问题，有关安全生产工作的意见和建议等情况。对道路交通安全法，重点检查了道路交通安全法的执法和执法监督，当前道路交通安全存在的突出问题，进一步提高道路安全能力和水平的措施和建议等情况。对环境保护法，重点检查了各地各部门宣传贯彻和推进实施环境保护法工作进展，主要法律制度的落实，依法加强环境监管、推动环境治理、改善环境质量等方面采取的措施和存在的主要问题等情况。对水法，重点检查了农田水利建设和投入，推行节水灌溉方式和节水技术，对农业灌溉水源和工程设施保护，农村集体经济组织及其成员参与农田水利建设，小型农田水利设施产权制度改革，健全基层水利服务体系等情况。对促进科技成果转化法，重点检查了各地各部门依法强化企业在科技成果转化中的主体作用、激励高等院校和科研机构转化科技成果、完善科技成果转化服务等方面采取的措施，科技成果使用、处置和收益管理，职务科技成果转化奖励和报酬等方面法律制度的落实和存在的主要问题等情况。

在检查上述6部法律实施情况的过程中，常委会组成人员分别就修改法律制度及改进相关工作等提出了意见和建议。国务院和国务院有关部门高度重视这些意见和建议，提出并采取了一系列改进和落实的工作措施。

此外，为进一步加强对“一府两院”研究处理执法检查报告及审议意见和改进落实工作的跟踪监督，督促切实解决突出矛盾和问题，全国人大常委会依法要求“一府两院”就落实整改情况作出书面或口头报告。2016年，除听取审议国务院关于研究处理食品安全法执法检查报告及审议意见情况的反馈报告外，还审议了国务院关于落实职业教育法执法检查报告和审议意见的报告，关于研究处理老年人权益保障法执法检查报告及审议意见情况的反馈报告。

——听取和审议专项工作报告。2016年，全国人大常委会听取和审议了国务院、最高人民法院、最高人民检察院 20 个工作报告，涉及经济、财政、环境、司法等多个方面。

一是听取审议国务院关于 2016 年以来国民经济和社会发展计划执行情况的报告，关于国有资产管理与体制改革情况的报告，关于农林科技创新工作情况的报告等，坚定推进供给侧结构性改革，促进经济社会平稳健康发展，确保实现“十三五”良好开局。

二是听取审议国务院关于 2016 年以来预算执行情况的报告，关于 2015 年度中央预算执行和其他财政收支的审计工作报告，关于 2015 年中央决算的报告，关于 2015 年度中央预算执行和其他财政收支审计查出问题整改情况的报告，关于深化财政转移支付制度改革情况的报告，审查批准 2015 年中央决算，审查批准国务院提出的 2016 年中央预算调整方案，积极推进财税体制改革和相关立法工作，促进依法行政、依法理财，切实把财政资金管好用好。

三是听取审议国务院关于 2015 年度环境状况和环境保护目标完成情况的报告，关于自然保护区建设和管理工作情况的报告，推动有关方面全面贯彻实施最严格的环境保护法律制度，着力解决人民群众反映强烈的突出环境问题，努力促进形成绿色发展方式和生活方式。其中，听取审议年度环境状况和环境保护目标完成情况报告，是全国人大常委会根据新修订的环境保护法第二十七条的规定首次进行，将形成制度化安排，并督促县级以上地方各级政府依法向本级人大及其常委会报告年度环境状况和环境保护目标完成情况，自觉接受人大和人民群众监督。

四是听取审议最高人民法院关于深化司法公开、促进司法公正情况的报告，关于人民陪审员制度改革试点情况的中期报告；最高人民检察院关于加强侦查监督、维护司法公正情况的报告，关于检察机关提起公益诉讼试点工作情况的中期报告。通过加强监督，积极推动深化司法体制改革，支持和推动司法领域改革试点工作依法有序实施，进一步强化司法公开，规范司法行为，完善监督机制，提高司法公信力。

此外，全国人大常委会还听取和审议了关于“六五”普法决议执行情况、关于高等教育改革与发展工作情况、关于出境入境管理法执行情况等工作报告。

——加强宪法实施和监督。一是全面贯彻实施宪法宣誓制度。2016 年，全国人大常委会共举行 6 次宪法宣誓仪式，组织新任命的 23 名国家工作人员进行宪法宣誓。二是举办国家宪法日座谈会。2016 年 12 月 4 日是第三个国家宪法日，习近平总书记对“五四宪法”历史资料陈列馆作出重要指示，强调开展宪法宣传教育是全面依法治国的重要任务，要坚持党的领导、人民当家做主、依法治国有机统一，普及宪法知识、增强宪法意识、弘扬宪法精神、推动宪法实施。三是推动加强宪法宣传教育。在常委会会议听取审议国务院关于“六五”普法决议执行情况的报告和相关议案时，作出关于开展第七个五年法治宣传教育的决议，明确突出学习宣传宪法，要求坚持把学习宣传宪法摆在首要位置，在全社会普遍开展宪法宣传教育，弘扬宪法精神，树立宪法权威。

——推进规范性文件备案审查工作。一是加强对法规和司法解释的主动审查。2016 年，全国人大常委会工作机构对国务院和最高人民法院、最高人民检察院报送备案的 37 件行政法规、司法解释逐件逐条进行审查研究，无论是否存在与法律不一致的问题，都提出明确的审查研究意见，结合选举法修改、预算法贯彻实施、行政审批制度改革等重要事项，有重点地选取相关地方性法规开展主动审查研究，发现存在与修改后的法律不一致等问题的，及时与有关地方进行沟通，督促妥善处理。二是认真研究处理公民、组织提出的审查建议。2016 年，全国人大常委会工作机构共研究处理审查建议 92 件，发现存在与法律不一致问题的法规 1 件，并推动制定机关将修改该法规列入 2017 年立法计划。审查建议反馈工作逐步规范化、常态化，2016 年共向 28 位提出审查建议的公民进行了书面反馈。对属于全国人大审查范围的法规、司法解释审查研究结束后，向建议人告知研究结论；对不属于全国人大审查范围的规范性文件提出的审查建议，转送有关国家机关处理后，向建议人告知转送情况。三是健全备案审查工作机制。全国人大常委会工作机构制发《全国人大常委会法制工作委员会法规、司法解释备案审查工作规程（试行）》，规范与制定机关沟通协商、提出书面研究意见、提出纠正建议等重要环节，推动备案审查工作进一步制度化、规范化。启动全国人大法规备案审查信息平台建设工作并上线试运行，为实现法规电子报备做好准备。

二、关于依法行政

2016年，中国继续大力推进依法行政，认真贯彻落实《法治政府建设实施纲要（2015—2020年）》，法治政府建设取得新成效。

（一）国务院立法工作

2016年，国务院向全国人大常委会提交了法律议案13件、决议草案2件，提请全国人大常委会审议条约（公约）10件，制定、修改行政法规8件，核准公约（协定、议定书）11件。

——颁布《国务院关于修改部分行政法规的决定》。为了依法推进简政放权、放管结合、优化服务改革，国务院对取消和调整行政审批项目、价格改革和实施普遍性降费措施涉及的行政法规进行了清理，于2月公布施行《国务院关于修改部分行政法规的决定》，对66部行政法规的部分条款予以修改。2016年，国务院共取消了165项国务院部门及其指定地方实施的审批事项，清理规范192项审批中介服务事项、220项职业资格许可认定事项。

——制定《全国社会保障基金条例》。为规范全国社会保障基金的管理运营，加强对全国社会保障基金的监督，在保证安全的前提下实现保值增值，2月，国务院通过了《全国社会保障基金条例》，自2016年5月1日起施行。条例明确全国社会保障基金是国家社会保障储备基金，由中央财政预算拨款、国有资本划转、基金投资收益和以国务院批准的其他方式筹集的资金构成，用于人口老龄化高峰时期的养老保险等社会保障支出的补充、调剂，并对基金的筹集、使用、管理运营、监督等环节作出明确规范。

——制定《农田水利条例》。为加快农田水利发展，提高农业综合生产能力，保障国家粮食安全，4月，国务院通过了《农田水利条例》，自2016年7月1日起施行。条例确立了发展农田水利应坚持的原则，规定了农田水利规划的编制程序，制定了加强农田水利工程建设、农田水利工程运行维护、农田灌溉排水管理以及吸引社会力量参与农田水利工程建设的相应措施，明确了行为主体违反条例应承担的法律责任等内容。

——制定《企业投资项目核准和备案管理条例》。为规范政府对企业投资项目的核准和备案行为，加快转变政府的投资管理职能，落实企业投资自主权，12月，国务院公布了《企业投资项目核准和备案管理条例》，自2017年2月1日起施行。条例是我国固定资产投资领域第一部行政法规，主要内容：一是规范项目核准行为，二是规范项目备案行为，三是加强事中事后监管，四是优化服务，五是严格责任追究。

——修改《疫苗流通和预防接种管理条例》。《疫苗流通和预防接种管理条例》自2005年6月施行以来，在加强对疫苗流通和预防接种的管理，预防、控制传染病的发生、流行，保障人体健康和公共卫生方面发挥了重要作用。4月，国务院对条例作出修改，主要内容：一是完善了第二类疫苗的销售渠道、冷链储存、运输等流通环节法律制度，二是建立疫苗全程追溯法律制度，三是加大了对疫苗流通、预防接种中的违法犯罪行为和监管不力等行为的处罚及问责力度。

——修改《中华人民共和国海关稽查条例》。为满足对外贸易发展对口岸通关便利化的要求，6月，国务院作出对《中华人民共和国海关稽查条例》的修改，主要内容：一是增加了对海关实施稽查具有保障和支撑作用的基础性措施，二是进一步规范和优化了海关稽查程序，三是完善海关稽查职权和措施，四是明确了宽严相济惩处违法行为的原则。

——修改《中华人民共和国无线电管理条例》。《中华人民共和国无线电管理条例》自1993年9月施行以来，在保障无线电频率的合理开发和利用、维护无线电波秩序方面发挥了积极作用。随着我国改革的不断深入和无线电技术在社会生活各领域的广泛应用，为适应无线电管理工作的现实需要，11月，国务院、中央军事委员会对条例进行修改。修订后的条例一是涵盖了无线电频率管理、台站管理、发射设备管理以及无线电涉外管理等方面的内容，二是完善了有效开发利用无线电频率的管理制度，三是减少并规范了无线电行政审批，四是强化事中事后监管，加大对利用“伪基站”等开展电信诈骗等违法犯罪活动的惩戒力度。

（二）依法行政工作

——行政复议工作。2016年，国务院共收到行政复议申请7491件（含结转2702件），办结2409件；立案审查1495件（含结转数），办结373件。继续推进行政复议体制改革和行政复议法修订工作，指导监督全国行政复议工作，对改进原级行政复议立案工作提出明确要求，开发了全国行政复议、行政应诉案件统计系统。

——法规规章备案审查工作。2016年，有立法权的地方人大常委会报送国务院备案的地方性法规、自治条例和单行条例共891件；国务院各有关部门和有立法权的地方政府报送国务院备案的规章共747件，其中地方政府规章488件、国务院部门规章259件。国务院法制办对新获得立法权的设区的市和自治州报备的法规规章进行了重点审查，并围绕“放管服”改革对已备案的部门规章进行专项审查。

——贯彻落实《法治政府建设实施纲要（2015—2020年）》。《纲要》印发后，国务院法制办积极进行宣传报道，在全面开展书面督察基础上，赴江苏、广东等地进行实地督察，并召开国务院部门贯彻纲要督察会议等，切实推动了纲要的贯彻落实。

——仲裁制度建设工作。2016年，国务院法制办进一步完善仲裁机构受理情况统计报送制度，建立仲裁违法违纪处理情况和仲裁裁决被司法机关纠错情况报送制度，完善仲裁委员会换届工作和复核制度，积极协调有关部门制定有利于仲裁发展的政策措施。司法部围绕提高仲裁公信力，制定出台《关于规范和加强仲裁机构登记管理的意见》。同时，将“制定并组织实施仲裁机构登记管理制度规定”列入司法部权力和责任清单，由中央编办网站向社会公布；将仲裁机构的设立确定为省级司法行政机关行使的行政审批事项。

——相对集中行政许可权改革工作。自2015年3月中央编办、国务院法制办联合发布《关于印发〈相对集中行政许可权试点工作方案〉的通知》以来，我国启动了新一轮的相对集中行政许可权改革工作。天津、河北、山西、江苏、浙江、广东、四川、贵州8个省市的试点地区的相关改革在原有基础上得到了较为深入的推进。本轮改革中，大部分试点地区以建立独立的“行政审批局”为抓手，大幅削减了许可审批事项的数量，对许可审批机构、从事许可审批的人员实现了一定程度的精简，在一定程度上提高了办事效率，探索建立了监管权责划分清单等。

三、关于审判、检察、公安和司法行政工作

（一）审判工作

2016年，最高人民法院受理案件22742件，审结20151件，比2015年分别上升42.3%和42.6%；地方各级法院受理案件2303万件，审结、执结1977.2万件，结案标的额4.98万亿元，同比分别上升18%、18.3%和23.1%。

——刑事审判工作。2016年，各级法院审结一审刑事案件111.6万件，判处罪犯122万人。严惩危害国家安全犯罪，审结周世锋等颠覆国家政权案，加大对暴力恐怖、邪教犯罪等惩治力度。严惩贪污贿赂犯罪，审结贪污贿赂案件4.5万件6.3万人。为脱贫攻坚提供司法服务，坚决惩处贪污、挪用扶贫资金等犯罪，审结相关案件1.5万件。加大打黑除恶工作力度，审结杀人、抢劫、绑架及盗窃等犯罪案件22.6万件。依法惩治毒品犯罪，审结毒品犯罪案件11.8万件。审结内幕交易、集资诈骗等案件2.3万件。严惩侵害妇女儿童权益犯罪，审结拐卖、性侵妇女儿童犯罪案件5335件，审结涉及校园

欺凌犯罪案件213件。严惩电信网络犯罪，审结相关案件1726件。最高人民法院依法提审聂树斌故意杀人、强奸妇女一案，依法改判聂树斌无罪。

——民事商事审判工作。2016年，各级法院审结各类一审民事案件673.8万件，同比上升8.2%。其中，婚姻家庭案件175.2万件，劳动争议案件47.5万件，消费者权益保护案件2.9万件。各级法院审结一审商事案件402.6万件，同比上升20.3%，其中，股权、证券、期货、票据、保险等纠纷案件124.8万件，破产案件3373件，房地产纠纷案件25.5万件，涉及农村土地“三权分置”改革等案件31.8万件。

——行政审判、国家赔偿工作。2016年，各级法院审结一审行政案件22.5万件，同比上升13.2%。加强北京、上海跨行政区划法院建设，推行行政案件异地管辖、集中管辖。积极推进行政机关负责人出庭应诉工作。各级法院审结国家赔偿案件5812件。

——执行工作。2016年，各级法院受理执行案件614.9万件，执结507.9万件，同比分别上升31.6%和33.1%，执行到位金额1.5万亿元，同比上升54%。与公安部、国家工商总局、中国人民银行、证监会等部门建立网络执行查控系统，着力解决执行难问题。大力推进网络司法拍卖，各级法院累计网拍43万余次，成交额2700多亿元。推进“信用中国”建设，与国家发改委等40多个部门签署联合惩戒合作备忘录，构建“一处失信、处处受限”的信用惩戒大格局，累计发布失信被执行人信息689万例，采取信用惩戒措施857万人次。依法惩治拒不执行裁判行为，司法拘留1.6万人，追究刑事责任2167人。

——立案信访和审判监督工作。2016年，各级法院共审结申诉和申请再审案件179702件，依法提起再审33890件。加强审判监督工作，2016年审结的再审案件中，因原判确有错误或其他法定事由改判的11055件，占生效裁判的0.09%。各级法院加快诉讼服务中心建设，充分利用诉讼服务网、APP客户端、“12368”热线等，为当事人提供全方位、立体式诉讼服务。探索建立电子法院、网上法庭等智能化服务平台，简化立案程序，推行网上立案、巡回立案，全国法院当场登记立案率超过95%。加强网上申诉和视频接访工作，方便群众申诉。

（二）检察工作

——依法履行批捕起诉等职能。2016年，全国检察机关共批准逮捕各类刑事犯罪嫌疑人828618人，提起公诉1402463人。坚决维护国家安全，深入开展反分裂、反渗透、反颠覆、反邪教斗争。严惩严重刑事犯罪，加大对组织领导参加恐怖组织、传播暴恐音视频等犯罪打击力度，起诉故意杀人、强奸、放火等严重暴力犯罪

65076人，起诉黑社会性质组织犯罪1106人，起诉抢劫、抢夺、盗窃等多发性侵财犯罪399708人。严惩电信网络诈骗犯罪，与公安部联合挂牌督办“徐玉玉案”等62起重大案件，批准逮捕电信网络诈骗犯罪嫌疑人19345人。切实维护校园安全，与教育部等共同发布防治中小学生欺凌和暴力指导意见，起诉针对在校学生实施的严重暴力犯罪4604人，起诉针对校外成年人教唆、诱骗在校学生犯罪678人。依法惩治涉医犯罪，与公安部、国家卫生计生委等联合开展专项行动，起诉故意伤害医务人员、在医院聚众滋事等犯罪3308人，督办30起重大涉医犯罪案件。严惩危害食品药品安全犯罪，开展专项立案监督，建议食品药品监管部门移送涉嫌犯罪案件1591件，起诉危害食品药品安全犯罪11958人。维护未成年人、妇女、老年人、残疾人合法权益，起诉性侵、拐卖等侵害未成年人人身权益犯罪16078人，起诉侵害农村留守儿童合法权益犯罪2663人，起诉侵害妇女人身权益犯罪24061人，起诉侵害老年人合法权益犯罪34709人，起诉侵害残疾人合法权益犯罪4750人。深化检察环节社会治安综合治理，起诉“黄赌毒”犯罪210325人，起诉虐待、遗弃、重婚犯罪1405人，起诉家庭暴力犯罪5134人。坚决打击恶意欠薪，起诉拒不支付劳动报酬犯罪2135人。

——保障经济平稳健康发展。积极服务国家重大战略实施，加强与“一带一路”沿线国家和地区司法合作，突出惩治和预防基础设施互联互通、经贸合作产业区建设等领域犯罪。着力防范金融风险，突出惩治非法集资等涉众型经济犯罪和互联网金融犯罪，起诉集资诈骗等犯罪16406人。加强产权司法保护，坚持依法平等保护，制定实施保障和促进非公有制经济发展“18条意见”、加强产权司法保护“22条意见”，起诉侵犯非公企业和非公经济人士合法权益犯罪13629人，立案侦查侵犯非公企业合法权益职务犯罪1009件。制定保障科技创新“15条意见”，突出惩治侵犯知识产权等犯罪，起诉21505人。依法惩治危害安全生产犯罪，起诉重大责任事故犯罪2635人，查处事故背后失职渎职等职务犯罪814人。

——依法查办和预防职务犯罪。立案侦查职务犯罪47650人，其中原县处级干部2882人、原厅局级干部446人。在征地拆迁、社会保障、涉农资金管理等民生领域查办“蝇贪”17410人。查办受贿犯罪10472人、行贿犯罪7375人。查办玩忽职守、滥用职权等渎职侵权犯罪11916人。依法查办辽宁拉票贿选案涉及的职务犯罪。深挖执法司法不公背后的腐败犯罪，查办涉嫌职务犯罪的行政执法人员8703人、司法工作人员2183人。开展集中整治和加强预防扶贫领域职务犯罪专项工作，查办相关职务犯罪1892人。加强职务犯罪源头治理，与中国邮政集团公司共同推广江苏“预防职务犯罪邮路”，针对办案发现的突出问题，提出检察建议11172件。依靠群众力量查办职务犯罪，调动和鼓励个人和单位依法实名举报的积极性，与公安部、财政部联合印发《关于保护、鼓励职务犯罪举报人的若干规定》。

——强化对司法活动的监督工作。强化对诉讼活动的法律监督，督促侦查机关立案14650件，追加逮捕、追加起诉43960人，监督纠正违法取证、违法适用强制措施、刑讯逼供等侦查活动违法情形34230件次；对认为确有错误的民事行政生效裁判、调解书提出抗诉3282件、再审检察建议2851件，对民事行政审判程序中的违法情形提出检察建议13254件，对民事执行活动提出检察建议20505件。严格落实罪刑法定、疑罪从无等原则，着力健全冤错案件发现报告、审查指导、监督纠正、赔偿问责等长效机制。开展集中清理判处实刑罪犯未执行刑罚专项活动，核查出11379人，督促纠正6381人，其中收监执行5062人。开展财产刑执行专项检察，全面核查2013年以来人民法院判处的涉及财产刑案件，对尚未执行和未执行完毕的监督执行，提出书面纠正意见3172件、检察建议11897件。持续监督纠正久押不决案件，2013年核查出的羁押3年以上未结案的4459人，全部清理纠正完毕。加强羁押必要性审查，提出释放或者变更强制措施建议42159人。持续监督纠正违法减刑假释暂予监外执行，对提请不当的，监督纠正23831人；对裁定或决定不当的，监督纠正3703人。督促纠正社区服刑人员脱管漏管8477人。加强民事虚假诉讼监督，对民间借贷、企业破产等领域2017件“假官司”提出监督意见，立案侦查涉及民事虚假诉讼的职务犯罪146件。

（三）司法解释与指导性案例工作

2016年，最高人民法院和最高人民检察院联合出台司法解释3件。最高人民法院单独出台司法解释26件，其中刑事司法解释7件，民事司法解释11件，行政司法解释1件，其他司法解释10件；发布指导性案例21个。这些司法解释和指导性案例为法律的正确实施发挥了积极作用。

——对正确处理刑事司法工作中重大复杂问题予以指导。4月，最高人民法院公布《关于审理毒品犯罪案件适用法律若干问题的解释》，依法惩治毒品犯罪；会同最高人民检察院联合发布《关于办理贪污贿赂刑事案件适用法律若干问题的解释》，依法惩治贪污贿赂犯罪。11月，最高人民法院会同最高人民检察院联合发布《关于办理非法采矿、破坏性采矿刑事案件适用法律若干问题的解释》，依法惩处非法采矿、破坏性采矿犯罪。12月，最高人民法院公布《关于审理非法行医刑事案件具体应用法律若干问题的解释》，依法惩处非法行医犯罪，保障公民身体健康和生命安全；公布《审理拐卖妇女儿童犯罪案件具体应用法律若干问题的解释》，依法惩治拐卖妇女、儿童犯罪，切实保障妇女、儿童的合法权益；会同最高人民检察院联合发布《关于办理环境污染刑事案件适用法律若干问题的解释》，依法惩治有关环境污染犯罪。

——对妥善处理经济社会发展和民生领域的新情况、新问题予以指导。2月，最高人民法院公布《关于适用〈中华人民共和国物权法〉若干问题的解释（一）》，保障财产权利及市场交易安全与效率。4月，最高人民法院公布《关于审理消费民事公益诉讼案件适用法律若干问题的解释》，对审理消费民事公益诉讼案件的法律适用作出规定，最大限度保护消费者合法权益。7月，最高人民法院公布《关于人身安全保护令案件相关程序问题的批复》，为家庭暴力的受害者提供保护。11月，最高人民法院公布《关于审理独立保函纠纷案件若干问题的规定》，指导各级法院正确审理独立保函纠纷案件，切实维护当事人的合法权益。

——对妥善处理行政诉讼和国家赔偿领域的新情况、新问题予以指导。9月，最高人民法院发布《关于审理民事、行政诉讼中司法赔偿案件适用法律若干问题的解释》，统一非刑事司法赔偿案件的裁量标准。

（四）公安工作

——维护社会治安稳定。深入开展严打暴恐专项行动，深化对“黑拐枪”“盗抢骗”“黄赌毒”“食药环”、侵害公民个人信息等群众反映强烈的突出犯罪和电信网络诈骗、金融证券犯罪等新型犯罪的打击治理，加快完善社会治安防控体系建设，维护社会治安大局持续稳定。推进“互联网 + 公安政务服务”工作，运用大数据技术和现代科技手段提高社会治理智能化水平，提升防范打击违法犯罪效能。加强消防、道路交通和监管场所安全管理，全年未发生重特大火灾事故特别是一次死亡10人以上事故，火灾事故、道路交通事故、监管场所责任事故均创近年来新低，人民群众安全感始终保持在90%以上。

——推进公安工作改革。推进户籍制度改革，全面实施居住证制度，促进有能力在城镇稳定就业和生活的农业转移人口举家进城落户。会同有关部门出台《关于改进和规范公安派出所出具证明工作的意见》，有效解决“奇葩证明”问题。进一步规范居民身份证的使用管理，推动实名制和社会诚信体系建设，提升窗口单位管理服务水平。驾考制度、车检制度、外国人在华永久居留制度和异地办证、方便群众办事创业28项措施等“放管服”改革取得新的成效。深入推进执法权力运行机制改革，落实受案立案制度改革意见、执法质量考评和执法过错责任追究制度，推进刑事案件法制部门统一审核统一出口机制改革试点，进一步规范公安机关受理行政执法机关移送涉嫌犯罪案件的工作程序。深化人民警察招录培养和公安院校教育教学改革，规范警务辅助人员管理。

——深化执法规范化建设。贯彻中办、国办《关于深化公安执法规范化建设的意见》，出台规范公安机关现场执法视音频记录、公安行政处罚裁量基准等一系列制度，修订公安机关执法细则，进一步细化明确执法标准、规范执法行为。推进执法办案场所规范化改造工作，探索建立多警种合成化作战、一站式办案机制，全国公安机关执法办案区规范化改造基本完成，并建成3500多个办案中心。各级公安机关严格落实违法犯罪嫌疑人被带至公安机关后的“四个一律”（一律直接带入办案区、一律先进行人身安全检查、一律有人负责看管、一律有视频监控并记录）要求，确保执法安全，提高执法质量和效率。组织开展新一轮执法示范单位选树命名工作，公安部命名10个地市级公安机关、100个县级公安机关和200个基层所队作为全国执法示范单位。各级公安机关持续开展集中培训、实战演练、案例点评等多种形式的实战化执法培训，公安部举办2次全国公安机关规范执法视频演示培训会，细化、实化规范的执法流程，培训民警超过100万人次。深化执法资格等级考试，截至目前，全国公安民警有208.7万、111.5万、4.05万人次分别取得基本级、中级、高级执法资格。针对人民群众反映强烈的执法突出问题，会同有关部门开展依法保障律师执业权利、适用逮捕措施等专项调研检查和网上执法巡查。

（五）司法行政工作

——监狱工作。截至2016年年底，全国共有监狱680个，在押犯156万人。强化监狱内部管理，落实安全稳定工作制度，全国监狱没有发生狱内重大案件、重大安全生产事故和重大疫情。加强罪犯教育改造工作，罪犯入监教育考试合格率达99.51%，心理健康教育普及率达99.08%，罪犯出监综合评估率达98.4%。严格规范罪犯减刑、假释、暂予监外执行执行工作，出台了《监狱办理暂予监外执行程序规定》等制度，进一步严密了监狱刑罚执行制度体系。

——司法行政戒毒工作。截至2016年年底，全国司法行政戒毒场所收治的戒毒人员有25万余人。切实加强对戒毒人员的戒毒医疗、教育矫治和康复训练。全系统共有医疗机构343个。戒毒人员法律道德教育和禁毒常识教育接受率达100%，职业技能培训接受率达87.2%，心理咨询接受率达95.5%。加强戒毒场所的安全卫生工作，全年未发生毒品流入、安全生产和卫生防疫事故。

——社区矫正和安置帮教工作。2016年，全国新接收社区矫正对象48.6万人，解除社区矫正对象49.8万人。截至年底，全国共建立社区矫正教育基地9353个，社区服务基地25204个，就业基地8216个；全国98%的地（市、州）和县（市、区）司法局均成立了社区矫正工作机构。全国从事社区矫正工作的社会工作者8.3万人，社会志愿者69万人；全国各地共建立县（区）社区矫正中心1560个。各级安置帮教机构2016年共衔接刑满释放人员58.2万人，安置54.6万余人，帮教57万余人。截至2016年年底，全国建设以政府投入为主过渡性安置基地共273个，依托企业建立基地10326个。

——法律服务和法律援助工作。截至2016年年底，全国共有执业律师32.8万多名，律师事务所2.6万多家，全国律师全年共办理各类诉讼案件354万余件，非诉讼法律事务84万多件。2016年，新任命公证员710名，免去公证员124名。截至年底，全国共有公证员1.3万多名。全国公证机构全年共办理公证事务1399万余件。2016年，全国共办理法律援助案件130多万件，提供法律咨询802万人次。

——人民调解工作。截至2016年年底，全国共有人民调解组织78.4万个，人民调解员385.2万名，全年共排查矛盾纠纷301.4万次，调解各类矛盾纠纷901.9万件，调解成功率97.5%。其中，设立行业性、专业性人民调解组织45万个，人民调解员8.7万人，化解行业、专业领域矛盾纠纷140.2万件。

——国家司法考试和司法鉴定工作。2016年，全国共有43.8万余人参加国家统一司法考试。开展对司法鉴定工作人员相关培训，全国6000多名法医临床鉴定人参加培训考试，31个省（区、市）的司法鉴定管理干部和司法鉴定人完成了多种形式的培训。筹建国家资质认定司法鉴定行业评审组，会同国家认监委、国家认可委新培训50名认证认可评审员。开展司法鉴定机构能力验证活动，全国31个省（区、市）的2051家鉴定机构共参加能力验证6060项（次），总体通过率为87%。截至2016年年底，全国经司法行政机关审核登记在册的司法鉴定机构1772个，鉴定人22601名，年鉴定业务量达到50.52万件。

四、关于司法体制改革

2016年，中国纵深推进司法体制改革，进一步完善改革主体框架，提升司法公信力，增强人民群众获得感，推动中央重大决策部署落地生根。

（一）改革主体框架基本确立

2016年，以司法责任制为核心的司法权力运行机制改革，以司法人员分类管理为标志的司法管理体制改革，以审判为中心、认罪认罚从宽、司法公开为重点的诉讼制度改革，以立案登记制、异地办理居民身份证为代表的便民利民改革等具有“四梁八柱”性质的改革主体框架基本确立。

——司法责任制改革配套政策基本到位。一是在落实司法责任制方面，出台《省以下人民法院内设机构改革试点方案》《省以下人民检察院内设机构改革试点方案》《关于建立法官、检察官惩戒制度的意见》。二是在完善职业保障制度方面，出台《法官助理、检察官助理和书记员职务序列改革试点方案》《保护司法人员依法履行法定职责的规定》《法官检察官工资制度改革试点实施办法》。三是在完善人员分类管理制度方面，出台《关于建立法官检察官逐级遴选制度的意见》《从律师和法学专家中公开选拔立法工作者、法官、检察官的意见》，拓宽司法人员选任渠道，规范选任机制。

——诉讼制度改革主体框架基本建立。一是出台《关于推进以审判为中心的刑事诉讼制度改革的意见》，严格依法收集、固定、保存、审查、运用证据，发挥庭审在查明事实、认定证据、保障诉权、适用法律方面的实质性作用，从制度上防止冤假错案的发生。二是经全国人大常委会授权，开展刑事案件认罪认罚从宽制度改革试点，对自愿认罪认罚的犯罪嫌疑人、被告人，在实体上从宽、程序上从简，提高司法效率，减少社会对抗。三是完善权力运行和监督制约机制，出台《深化公安机关执法规范化建设的意见》《建立司法鉴定管理与使用衔接机制的意见》《跨部门的地方涉案财物集中管理信息平台实施方案》，规范公安机关执法行为，规范司法鉴定委托与受理，落实鉴定人出庭作证，加强对涉案财物的管理。四是深化律师制度改革，印发《关于深化律师制度改革的意见》《律师执业管理办法》《律师事务所管理办法》《关于进一步加强律师协会建设的意见》，在保障律师执业权利的同时，划定律师行为"红线"，强化律师行业自律。五是深化司法公开，制定在互联网公布裁判文书规定、庭审网络直播操作流程，建立讯问录音录像制度和执法全过程记录制度。扎实推进人民监督员制度改革，拓宽人民群众有序参与司法渠道。六是推进案件繁简分流、诉调对接，出台《最高人民法院关于进一步推进案件繁简分流优化司法资源配置的若干意见》，深化诉讼程序、裁判文书和事务性工作繁简分流，提高诉讼效率。

——便民利民改革举措不断丰富完善。2016年，最高人民法院在南京、郑州、重庆、西安增设4个巡回法庭，完成巡回法庭设立总体布局，进一步下沉审判重心，方便群众诉讼。最高人民法院出台《关于人民法院进一步深化多元纠纷解决机制改革的意见》《关于人民法院特邀调解的规定》，司法行政机关出台《关于发展涉外法律服务业的意见》《军人军属法律援助工作实施办法》《关于社会组织参与帮教刑满释放人员工作的意见》《关于进一步加强社区矫正工作的意见》《关于推进行业性、专业性人民调解工作的指导意见》，为群众提供更多高效便捷的纠纷解决方式。

（二）改革逐步落地生根

——抓住关键事项，夯实改革基础。2016年年初，在全国全面推开司法责任制改革试点。7月，在吉林长春召开全国司法体制改革推进会，进一步完善员额制、司法责任追究、司法人员职业保障以及省以下地方法院、检察院人财物统一管理等方面政策措施。截至年底，全国法检机关均开展司法责任制改革试点。

——坚持科学导向，确保改革质量。一是着眼于提升专业化、职业化水平推进员额制改革，突出办案业绩和能力科学公正开展遴选，建立员额退出机制。二是着眼于提升办案质量效率落实司法责任制，建立权力清单，科学组建办案团队，运用制度机制、现代科技、案例指导等办法，推动管理监督从个案审批、文书签发转向全院全员全过程的质量效率监管，确保“让审理者裁判、由裁判者负责”的司法责任制落地生根。

——注重统筹协调，强化系统集成。一是在推进司法责任制改革过程中，同步推进内设机构改革，解决各地特别是基层法院检察院“官多兵少”、职能重叠的问题，整合力量资源，推动中层业务骨干入额后回归一线办案。二是配套推进以审判为中心的刑事诉讼制度改革、认罪认罚从宽等诉讼制度改革，推进繁简分流，完善小额程序、速裁程序、简易程序、普通程序相配套的多层次诉讼制度体系，努力实现诉讼程序多样化、精细化，发挥改革的整体效能。三是在推进以审判为中心的刑事诉讼制度改革的同时，探索认罪认罚从宽改革试点，在更高层次上实现公正与效率的统一、打击犯罪与保障人权的统一。

——强化督促检查，推动落地生根。一是开展专项督察。2016年，中央改革办对湖北、安徽等部分省市的司法体制改革工作进行督察。中央政法委会同“两高”对吉林、重庆、河北、山东等10省区开展了两轮督察。同时，最高人民法院对北京、上海、河南、山西等28个省（区、市）的司法责任制及其相关配套改革开展了督察。针对督察中发现的问题，最高人民法院2016年年底在昆明召开的全国法院司法责任制改革督察推进会，对相关问题做了集中通报，并要求各地认真对照查摆问题、加强整改。二是开展第三方评估。中国法学会、中国政法大学分别开展司法体制改革第三方评估，客观评估进展成效，查找问题，提出对策建议。

（三）改革成效逐步显现

——司法队伍专业化职业化水平显著提高。通过实行司法人员分类管理，法院、检察院人员管理模式不符合司法职业特点、业务骨干脱离办案一线等问题得到根本破解，法院、检察院队伍结构进一步优化，司法人力资源配置向办案一线下沉，作为办案核心的法官、检察官队伍“瘦身提质”。改革后，一线办案力量增加20%左右，85%以上司法人力资源配置到办案一线。

——符合司法规律的司法管理体制和权力运行机制不断完善，办案质量效率显著提升。法官检察官办案主体地位进一步确立。上海、浙江、青海等地由法官、合议庭直接裁判的案件达到98%以上，由检察官审查决定的公诉案件占90%以上。2016年，全国法院人均结案数、当庭宣判率上升，上诉率、发回改判率下降，全国法院2016年审结案件1979.5万件，同比上升18.33%，一审服判息诉率达88.93%。

五、关于人权的法治保障

2016年，中国继续加大各项人权保障力度，人民生活水平和质量进一步提高，经济、社会和文化权利得到有效加强，公民权利和政治权利得到切实保障，中国特色社会主义人权事业迈上新台阶。

（一）生命健康权保障

——制定《“健康中国2030”规划纲要》。纲要明确全民健康是建设健康中国的根本目的，要立足全人群和全生命周期两个着力点，提供公平可及、系统连续的健康服务，做好妇女儿童、老年人、残疾人、低收入人群等重点人群的健康工作，强化对生命不同阶段主要健康问题及主要影响因素的有效干预，惠及全人群、覆盖全生命周期，实现更高水平的全民健康。纲要围绕健康影响因素（包括遗传和心理等生物学因素、自然与社会环境因素、医疗卫生服务因素、生活与行为方式因素），提出普及健康生活、优化健康服务、完善健康保障、建设健康环境、发展健康产业等5个方面的战略任务以及健康中国“三步走”的目标：“2020年，主要健康指标居于中高收入国家前列”，“2030年，主要健康指标进入高收入国家行列”，“2050年，建成与社会主义现代化国家相适应的健康国家”。

——深化医药卫生体制改革。1月，国务院出台《关于整合城乡居民基本医疗保险制度的意见》，明确整合城镇居民基本医疗保险和新型农村合作医疗制度，建立统一的城乡居民基本医疗保险制度。6月，国家卫生计生委、国务院扶贫办等15个部门联合印发《关于实施健康扶贫工程的指导意见》，提出加大健康扶贫工作力度，到2020年实现贫困地区人人享有基本医疗卫生服务。6月，国务院办公厅印发《关于促进和规范健康医疗大数据应用发展的指导意见》，从夯实应用基础、全面深化应用、规范和推动“互联网+健康医疗”服务、加强保障体系建设等方面部署了14项重点任务和重大工程。7月，国家发改委、国家卫生计生委、人力资源和社会保障部、财政部联合发布《关于印发推进医疗服务价格改革意见的通知》，要求推进医疗服务价格分类管理，明确公立医疗机构提供的基本医疗服务实行政府指导价。11月，国务院深化医药卫生体制改革领导小组出台《关于进一步推广深化医药卫生体制改革经验的若干意见》，提出建立“三医”（医疗、医保、医药）联动工作机制、健全公立医院运行新机制、加强对医疗服务的外部制约、建立现代医院管理制度、加快分级诊疗制度建设、充分利用互联网技术等8个方面推动医疗改革纵深发展的措施。

——加强食品安全监管。2月，国家食品药品监督管理总局公布2015年食品安全监督抽检情况，在全国范围内组织抽检的172310批次食品样品中，检验不合格样品5541批次，样品合格率96.8%，食品安全整体形势稳中趋好。5月，国务院办公厅印发《2016年食品安全重点工作安排》，提出健全法规标准，突出源头严防、过程严管、违法严惩，加快完善统一权威监管体制。

（二）户口登记与户籍制度改革

——1月，国务院办公厅印发《关于解决无户口人员登记户口问题的意见》，要求进一步完善户口登记政策，禁止设立不符合户口登记规定的任何前置条件，加强户口登记管理，切实保障每个公民依法登记一个常住户口，努力实现全国户口和公民身份号码准确性、唯一性、权威性的目标。意见规定了不符合计划生育政策的无户口人员、未办理《出生医学证明》的无户口人员、未办理收养手续的事实收养无户口人员及其他无户口人员办理户口登记办法。

——截至2016年9月，全国31个省（区、市）均已根据国务院《关于进一步推进户籍制度改革的意见》陆续出台户籍制度改革方案，全部取消农业户口，城乡二元户籍制度成为历史。10月，国务院办公厅印发《推动1亿非户籍人口在城市落户方案》，提出在“十三五”期间，加速破除城乡区域间户籍迁移壁垒，进一步健全配套政策体系，户籍人口城镇化率年均提高1个百分点以上，年均转户1300万人以上，到2020年全国户籍人口城镇化率提高到45%，各地区户籍人口城镇化率与常住人口城镇化率差距比2013年缩小2个百分点以上。

（三）建立完善社会保障制度

——2月，国务院印发《关于进一步健全特困人员救助供养制度的意见》，提出要以解决城乡特困人员突出困难、满足其基本需求为目标，坚持政府主导，发挥社会力量作用，在全国建立起城乡统筹、政策衔接、运行规范、与经济社会发展水平相适应的特困人员救助供养制度。

——7月，国家卫计委、国家发改委、民政部、财政部等7部委发布《关于做好2016年城乡居民大病保险工作的通知》，明确要求各地提高大病保险筹资水平，2016年城乡居民基本医保财政补助人均新增40元中的10元用于大病保险，鼓励地方探索向困难群体适当倾斜的具体办法，对包括建档立卡贫困人口、特困人员和低保对象等在内的城乡贫困人口实行倾斜性支付政策。

——9月，国务院办公厅转发《关于做好农村低保制度与扶贫开发政策有效衔接的指导意见》，指出要坚持精准扶贫精准脱贫基本方略，通过农村低保制度与扶贫开发政策的有效衔接，形成脱贫攻坚合力，对符合低保标准的农村贫困人口实行政策性保障兜底，确保到2020年现行扶贫标准下农村贫困人口全部脱贫。

（四）受教育权保障

7月，国务院印发《关于统筹推进县域内城乡义务教育一体化改革发展的若干意见》，要求按照全面建成小康社会目标，加快缩小城乡教育差距，促进教育公平，统筹推进县域内城乡义务教育一体化改革发展。意见提出加快推进县域内城乡义务教育学校建设标准统一、教师编制标准统一、生均公用经费基准定额统一、基本装备配置标准统一和“两免一补”政策城乡全覆盖，到2020年，城乡二元结构壁垒基本消除，义务教育与城镇化发展基本协调；城乡学校布局更加合理，大班额基本消除，学校标准化建设取得显著进展，城乡师资配置基本均衡，乡村教师待遇稳步提高、岗位吸引力大幅增强，乡村教育质量明显提升，九年义务教育巩固率达到95%，县域义务教育均衡发展和城乡基本公共教育服务均等化基本实现。

（五）儿童权利保障

——2月，国务院印发《关于加强农村留守儿童关爱保护工作的意见》，指出加强农村留守儿童关爱保护工作、维护未成年人合法权益，是各级政府的重要职责，也是家庭和全社会的共同责任。要以促进未成年人健康成长为出发点和落脚点，不断健全法律法规和制度机制，强化家庭监护主体责任，加大关爱保护力度，逐步减少儿童留守现象，确保农村留守儿童安全、健康、受教育等权益得到有效保障。

——2月，民政部成立未成年人（留守儿童）保护处，职责是建立完善未成年人保护工作机制和服务体系，全面摸底排查、完善农村留守儿童信息管理，链接社会救助、社会福利、社会组织、社区建设、社会工作等民政优势资源，建立未成年人保护领导协调机制和部门联动协作机制，推动实现家庭保护、学校保护、社会保护和司法保护的有序衔接。4月，民政部等27个部门建立农村留守儿童关爱保护工作部际联席会议制度，统筹协调全国农村留守儿童关爱保护工作。

——6月，国务院印发《关于加强困境儿童保障工作的意见》，针对困境儿童面临的突出困难和保障工作中存在的突出问题，加强困境儿童分类保障，建立健全困境儿童保障工作体系。

（六）残疾人权利保障

——7月，国务院印发《“十三五”加快残疾人小康进程规划纲要》，要求各地区要制定当地残疾人事业“十三五”规划或加快残疾人小康进程规划，并将纲要的主要任务指标纳入当地国民经济和社会发展总体规划。各级政府残疾人工作委员会及相关部门要对纲要执行情况进行督查、监测和跟踪问效。

——9月，国务院办公厅印发《国家残疾预防行动计划（2016—2020年）》，提出在未来5年内，通过有效控制出生缺陷和发育障碍致残、防控疾病致残、减少伤害致残等具体行动，有效减少和控制我国人口从出生到老年每个阶段的残疾发生、发展。加强安全生产监管、道路交通安全管理、食品药品安全监管以及环境保护、污染治理，增强防灾减灾能力等，以减少伤害致残。这是我国首个在残疾预防领域的国家级规划。

（七）司法程序中的人权保障

——保障诉讼当事人权利。1月，最高人民检察院发布《人民检察院办理羁押必要性审查案件规定（试行）》，规定被逮捕的犯罪嫌疑人、被告人，可向检察机关申请进行羁押必要性审查，检察机关审查后认为不需要羁押的，将建议办案机关予以释放或者变更强制措施。4月，最高人民法院公布修改后的《中华人民共和国人民法院法庭规则》，明确在押被告人或上诉人出庭受审时不着监管机构的识别服，一般情况下不得对被告人或上诉人使用戒具。10月，最高人民法院、最高人民检察院、公安部、国家安全部、司法部联合印发《关于推进以审判为中心的刑事诉讼制度改革的意见》，明确要求完善讯问制度，防止刑讯逼供，不得强迫任何人证实自己有罪。严格要求在规范的讯问场所讯问犯罪嫌疑人，严格依照法律规定对讯问过程全程同步录音录像，逐步实行对所有案件的讯问过程全程同步录音录像。

——完善司法赔偿、救助制度。1月，最高人民法院、最高人民检察院颁布《关于办理刑事赔偿案件适用法律若干问题的解释》，界定了刑事赔偿内涵，明确了属于终止追究刑事责任的情形、侵犯财产权的情形、特定情形下逾期申请赔偿的受理、违法刑事拘留和再审无罪赔偿的范围，明确了免责条款适用、明确赔偿法律关系主体、合理确定赔偿标准、规范赔偿金计算的时间标准、明确赔偿决定效力等内容。9月，最高人民法院发布《关于审理民事、行政诉讼中司法赔偿案件适用法律若干问题的解释》，将精神损害赔偿首次引入非刑事司法赔偿领域，完善了国家赔偿法精神损害的适用范围。7月，最高人民检察院印发《人民检察院国家司法救助工作细则（试行)》，明确检察院国家司法救助工作，是检察院在办理案件过程中，对遭受犯罪侵害或者民事侵权，无法通过诉讼获得有效赔偿，生活面临急迫困难的当事人采取的辅助性救济措施，并规定了检察院应当予以救助的七类具体情形。

——规范警察权力。1月，公安部发布修订后的《公安机关人民警察执法过错责任追究规定》，规定因故意或者重大过失造成错案，不受执法过错责任人单位、职务、职级变动或者退休的影响，终身追究执法过错责任。

六、关于知识产权保护

（一）知识产权立法

推进专利法修订工作，《专利法修订草案》向全社会征求意见。完善专利部门规章，起草《专利审查指南修改草案》并公开征求意见，推进《专利优先审查管理办法》《关于规范专利申请行为的若干规定》等规章的修改工作，制定《专利收费减缴办法》。

推进反不正当竞争法修订工作，《反不正当竞争法修订草案》向全社会征求意见。

推进著作权法第三次修改，完成《著作权法修订草案》起草工作。制定《正版软件管理工作指南》《军用计算机软件著作权登记工作暂行规则》等规章。

（二）知识产权审核登记

——专利方面。2016 年，我国专利申请受理量 346.5 万件，同比增长 23.8%。其中，发明专利申请 133.9 万件，实用新型专利申请 147.6 万件，外观设计专利申请 65 万件。依据《专利合作条约》，全年共受理国际申请 44992 件，同比增长 47.3%。全年审结专利申请 231 万件，同比增长 11%。其中，发明专利审结 67.5 万件。

全年共授权发明专利 40.4 万件，同比增长 12.5%；授权实用新型专利 90.3 万件，同比增长 3.1%；授权外观设计专利 44.6 万件，同比下降 7.6%。

——商标方面。2016 年，我国商标注册申请量 369.1 万件，同比增长 28.4%。全年商标注册审查量 311.1 万件，同比增长 33%。

2016 年，我国核准注册地理标志集体商标、证明商标 389 件，累计核准注册地理标志集体商标、证明商标 3373 件。

2016 年，国内申请人马德里商标申请量 3015 件，同比增长 29.8%，位居马德里体系第五位；外国申请人指定我国马德里商标国际申请量 21238 件，继续位居马德里体系第一位。

——著作权方面。2016 年，我国著作权登记总量达 200.76 万件，同比增长 22.33%。其中，作品登记 159.96 万件，同比增长 18.65%；计算机软件著作权登记约 41 万件，同比增长 39.48%。

（三）知识产权行政执法

——2016 年，我国专利行政执法办案总量 48916 件，同比增长 36.5%。其中，专利纠纷案件首次突破 2

万件，达20859件。电子商务领域专利执法办案量13123件，同比增长71.4%。展会专利执法办案量2860件，同比增长2.4%。

——持续对侵权假冒违法行为保持高压打击态势。2016年，全国各级工商、市场监管部门共查处仿冒、侵犯商业秘密等侵犯知识产权不正当竞争案件5710件，案值1.1亿元，罚没金额5827万元。加强对地方商标行政执法工作的指导，继续开展保护“迪士尼”商标专用权行动。组织开展2016网络市场监管专项行动，共检查网站、网店191.8万个次，责令整改网站1.95万个次，查处网络违法案件1.34万件。

——打击各类侵权盗版行为。在打击网络文学侵权盗版、APP侵权盗版、网络广告联盟等专项整治行动中，共查处行政案件514件，行政罚款467万元，关闭网站290家，移送司法机关刑事处理33件，涉案金额2亿元。2016年，各级版权执法监管部门共立案查办案件1033件，移送司法机关追究刑事责任71件，捣毁盗版窝点181个，案件信息公开705件。

——深入推进软件正版化工作，加强软件正版化督促检查，积极开展国产软件应用试点。2016年，组织10个督查组随机抽查32家中央和国家机关、10个省（区、市）的60家省级机关、20家国有企业、20家金融机构的1316台计算机，实现对中央和国家机关软件正版化工作检查全覆盖。

（四）知识产权司法保护工作

2016年，各级法院审结一审知识产权案件146664件，其中，知识产权一审民事案件131813件，行政案件6250件，刑事案件8601件。一是创新工作机制，服务和保障国家创新驱动发展战略实施，大力推进北京、上海、广州知识产权法院建设，筹划设立南京、苏州、武汉、成都四个知识产权专门审判机构。二是充分发挥知识产权司法保护的主导作用。印发《最高人民法院关于在全国法院推进知识产权民事、行政、刑事案件审判“三合一”工作的意见》，召开全国法院知识产权审判工作座谈会暨全国法院知识产权审判“三合一”推进会。三是树立我国知识产权司法保护的良好形象。举办2016年全国知识产权宣传周活动，发布《2015年中国法院知识产权司法保护状况》白皮书，公布2015年中国法院知识产权典型案例。公布《最高人民法院关于审理侵害专利权纠纷案件应用法律若干问题的解释（二）》，制定《最高人民法院关于审理商标授权确权行政案件若干问题的规定》，制定《中国知识产权司法保护纲要（2016—2020）》。

七、关于生态文明法治建设

（一）生态文明立法

——出台一批指导性文件。中共中央全面深化改革领导小组审议通过《关于健全生态保护补偿机制的意见》《关于构建绿色金融体系的指导意见》《生态文明建设目标评价考核办法》《关于划定并严守生态保护红线的若干意见》《自然资源统一确权登记办法（试行）》等指导性文件。4月，环保部下发《关于积极发挥环境保护作用促进供给侧结构性改革的指导意见》，要求各省级环保部门加大环境监管力度，积极促进淘汰落后产能和化解过剩产能。9月，国家发展改革委和环境保护部出台《关于培育环境治理和生态保护市场主体的意见》，明确加快环境治理和生态保护市场主体的培育，推进环境保护供给侧结构性改革。

——制定、修改、废止一批环境资源领域法律、地方性法规和规章。2月，十二届全国人大常委会第十九次会议通过《深海海底区域资源勘探开发法》，对我国公民、法人或者其他组织在中华人民共和国和其他国家管辖范围以外海域从事深海海底区域资源勘探、开发活动作出规范。3月，环境保护部公布《放射性物品运输安全监督管理办法》。7月，十二届全国人大会常委会第二十一次会议通过《关于修改〈中华人民共和国节约能源法〉等六部法律的决定》。7月，环保部公布《关于废止部分环保部门规章和规范性文件的决定》，对10件部门规章和121件规范性文件予以废止。11月，环境保护部公布《建设项目环境影响登记表备案管理办法》。

同时，各地也积极制定、修改了一批地方性法规，如《湖北省土壤污染防治条例》是我国第一部土壤污染防治的地方性法规，上海市修订了《上海市环境保护条例》，新疆维吾尔自治区修订了《新疆维吾尔自治区环境保护条例》，天津市颁布了《天津市水污染防治条例》，吉林省颁布了《吉林省大气污染防治条例》等。

——缔结和参加一批国际环境条约。4月，十二届全国人大常会第二十次会议批准《关于汞的水俣公约》。7月，十二届全国人大常委会第二十一次会议批准《〈关于持久性有机污染物的斯德哥尔摩公约〉新增列六溴环十二烷修正案》。9月，我国正式成为《〈生物多样性公约〉关于获取遗传资源和公正公平分享其利用所产生惠益的名古屋议定书》缔约方，标志着我国生物产业进入惠益共享时代，生物遗传资源监管工作迈入法治轨道。10月，中国政府代表团出席在卢旺达基加利召开的《关于消耗臭氧层物质的蒙特利尔议定书》第28次缔约方会议，在达成限控温室气体氢氟碳化物（HFCs）修正案上发挥了积极作用。

——出台一批环境资源技术规范。2016 年，环境保护部共发布 59 项国家环境保护标准。截至 2016 年年底，我国现行有效的环境保护标准共计 1732 项。此外，环保部会同中科院编制和发布了《中国自然生态系统外来入侵物种名单（第四批）》，联合国家发展和改革委员会、公安部发布《国家危险废物名录》（2016 年版），印发《生态环境损害鉴定评估技术指南总纲》等，并在吉林等 7 省（市）开展改革试点。

5 月，中科院和环保部联合发布 2016 年度《中国生物物种名录》。2016 年度《中国生物物种名录》收录了中国已知物种及种下单元数 86575 种，其中动物界 35905 种、植物界 41940 种、细菌界 469 种、色素界 2239 种、真菌界 3488 种、原生动物界 1729 种、病毒 805 种。

（二）生态文明执法

——制订一批环境资源规划。1 月，环境保护部发布《国家生态文明建设示范区管理规程（试行）》和《国家生态文明建设示范县、市指标（试行）》，强调要进一步规范国家生态文明建设示范区创建工作，促进国家生态文明建设示范区规划、申报、技术评估、考核验收、公示、公告及监督管理等工作科学化、规范化、制度化。2月，环境保护部审议通过《生态环境监测网络建设方案实施计划（2016—2020年）》，明确全面完成1436个国控环境空气质量监测城市站监测事权上收任务。5月，国务院印发《土壤污染防治行动计划》，对土污染防治问题分别提出2020年、2030年和2050年的分阶段性总目标。8月，国家发展改革委、国家旅游局联合印发《全国生态旅游发展规划（2016—2025年）》。12月，国务院印发《"十三五"生态环境保护规划》，提出2020年生态环境质量总体改善的目标，确定打好大气、水、土壤污染防治的三大战役、七项主要任务和五个方面保障措施，以及为实现生态环境质量总体改善目标的约束性和预期性指标。

——深化环境相关制度改革。11月，国办印发《控制污染物排放许可制实施方案》，明确到2020年完成覆盖所有固定污染源的排污许可证核发工作，建立控制污染物排放许可制，实现"一证式"管理。12月，环境保护部印发《排污许可证管理暂行规定》，规范排污许可证申请、审核、发放、管理等程序。

2016年，我国启动环境监管体制改革，设置水、大气、土壤三个环境管理司。9月，中办、国办印发《关于省以下环保机构监测监察执法垂直管理制度改革试点工作的指导意见》，启动省以下环保机构监测监察执法垂直管理体制改革。

——加强环境信息公开。3月，国家海洋局公布2015年《中国海平面公报》与《中国海洋灾害公报》。《中国海平面公报》显示，1980年至2015年，我国海平面变化总体趋势为波动上升，年上升速度为3毫米，高于同期全球平均水平。《中国海洋灾害公报》显示，2015年，我国海洋灾害总体灾情偏轻，各类海洋灾害共造成直接经济损失72.74亿元，死亡（含失踪）30人。4月，国务院办公厅印发《2016年政务公开工作要点》，要求加大全国重点区域及主要城市空气质量信息公开，推动集中式生活饮用水水源水质监测信息公开，推进重点排污单位依法向社会公开其产生的主要污染物名称、排放方式、排放浓度和总量、超标排放情况，以及污染防治设施的建设和运行情况。5月，环保部公开2016年一季度污染物排放严重超标的国家重点监控企业名单，涉及19省（区）的75家企业。7月，发展和改革委员会会同31个部门印发《关于对环境保护领域失信生产经营单位及其有关人员开展联合惩戒的合作备忘录》，并将一批环境行政处罚信息纳入“全国信用共享平台”。

2016年，全部省级、地市级环保部门在政府门户网站设立“环境违法曝光台”等信息公开专栏。各省级环保部门全部在门户网站公开国家重点监控企业自动监控数据。环境保护部按季向社会公布严重超标国家重点监控企业名单。

——环境保护督察。2016年，中央环保督察组对河北省、内蒙古、北京、上海等18个省（区、市），开展环境保护督察工作，全年共受理群众举报案件3.3万余件，立案处罚8500余件、罚款4.4亿多元、问责6454人。全国共有21个省（区、市）出台省级环保督察方案，20多个省（市、区）成立环保督察机构。

——查处环境违法行为。2016年，全国共排查违法违规建设项目64.7万个，完成清理整顿61.8万个；排查出“十小”企业2641家，取缔2465家。2016年，全国实施按日连续处罚案件974件，实施查封扣押案件9622件，实施限产停产案件5211件，移送行政拘留案件3968起，移送涉嫌环境污染犯罪案件1963件。

（三）生态文明司法

——制定一批环境资源司法文件。1月，最高人民检察院公布《人民检察院提起公益诉讼试点工作实施办法》，明确检察机关如何提起民事公益诉讼和行政公益诉讼。2月，最高人民法院公布《人民法院审理人民检察院提起公益诉讼案件试点工作实施办法》，规定如何受理人民检察院提起的民事公益诉讼和行政公益诉讼。6月，最高人民法院印发《关于充分发挥审判职能作用为推进生态文明建设与绿色发展提供司法服务和保障的意见》，明确环境资源审判工作的指导思想、总体要求、审理原则和案件类型，强调以现代环境司法理念为引领，按照审判专业化要求，探索建立专门机构，创新审判体制机制，研究特别审理规则，加强理论实证研究，建设专业审判团队，深化司法公开和国际交流，不断提升服务、保障生态文明建设与绿色发展的能力水平。10月，最高人民检察院印发《关于全面履行检察职能为推进健康中国建设提供有力司法保障的意见》，对惩治破坏环境资源和危害生态安全方面的犯罪作出专门规定。12月，最高人民法院、最高人民检察院联合修改《关于办理环境污染刑事案件适用法律若干问题的解释》，进一步明确污染环境罪定罪量刑的具体标准，非法处置进口的固体废物罪、擅自进口固体废物罪、环境监管失职罪定罪量刑的具体标准，宽严相济刑事政策的具体适用等。

——审理一批环境资源案件。2016年，全国法院共审结环境资源刑事案件1.89万件，环境资源民事案件8.47万件，环境资源行政案件2.91万件。全国检察机关共起诉破坏环境资源犯罪29173人。最高人民检察院部署开展“破坏环境资源犯罪专项立案监督活动”，建议监管部门移送涉嫌犯罪案件2016件，挂牌督办张百锋等人偷排废酸案等22起重大案件。最高人民检察院推广福建、贵州、江西、重庆等地做法，探索“专业化法律监督＋恢复性司法实践＋社会化综合治理”生态检察模式，推动环境治理、生态修复。自新修订的环境保护法2015年1月1日实施以来，截至2016年年底，全国法院共受理社会组织提起的环境公益诉讼一审案件112件，二审案件54件，一审案件审结54件，二审案件审结10件。7月，山东德州法院审结新环境保护法施行后，人民法院受理的首例京津冀及其周边地区大气污染公益诉讼案件，判令被告赔偿2198万余元用于大气环境质量修复。

——推进环境司法改革。截至2016年年底，全国法院共设立环境资源审判庭、合议庭或者巡回法庭559个，17个高级人民法院设立了专门环境资源审判机构，福建、贵州、江苏、云南、重庆等地法院构建了涵盖三级法院的环境资源审判专门化体系。

有序推进环境资源跨区划案件管辖制度和环境资源案件归口审理模式。贵州、江苏、湖北、广东、河北、青海、新疆、北京、海南等地法院对污染环境或者破坏生态、损害后果跨行政区划以及环境公益诉讼等其他类型的环境资源民事案件实行跨行政区划集中管辖。逐步推进京津冀、三江源、长江流域等重点区域环境资源案件的集中管辖、专门管辖和提级管辖机制，促进重点区域环境质量的持续改善。

——加强环境资源司法政策指引。3月，最高人民法院发布第二批10起环境保护行政案件。7月，最高人民法院发布矿业权民事纠纷典型案例10起；同月，发布《中国环境资源审判》。9月，召开京津冀法院环境资源审判工作联席会议，签署《北京、天津、河北法院环境资源审判工作协作框架协议》。9月，发布《最高人民法院关于支持福建省加快建设国家生态文明试验区重大部署的意见》。

——强化环境司法理论研究。建立环境资源理论研究基地、环境损害鉴定研究基地和环境资源审判实践基地，组织召开“环境权益与民法典的制定”“环境区域治理中的司法问题”“绿色司法的理论与实践”“环境损害司法认定研讨会”等主题学术探讨会，保持与学术界的密切互动。

——推进环境司法国际合作。2016年，最高人民法院举办气候变化司法应对国际研讨会，与法国、巴西等国召开双边高层环境司法研讨会，组派中国法官代表团出席在巴西里约热内卢召开的第一届世界环境法大会，进一步增强了中国与世界各国环境司法的沟通与交流。

八、关于法治宣传、法学教育和法学研究

（一）法治宣传

——“七五”普法规划全面启动。4月，中共中央、国务院转发《中央宣传部、司法部关于在公民中开展法治宣传教育的第七个五年规划（2016—2020年）》（以下简称“七五”普法规划）。全国各省（区、市）部署了“七五”普法规划。50多个部门行业印发了本系统的“七五”普法规划。成立了“七五”普法讲师团，在中青年法学骨干、中央政法机关领导干部中遴选了43名“七五”普法讲师团成员。

——3月，中组部、中宣部、司法部、人力资源和社会保障部联合印发《关于完善国家工作人员学法用法制度的意见》，提出健全完善党委（党组）中心组学法制度、健全完善日常学法制度、加强法治培训、坚持依法决策、严格依法履职、完善考核评估机制等6方面的重点措施。6月，教育部、司法部、全国普法办出台《青少年法治教育大纲》，提出普及法治知识、养成守法意识，规范行为习惯、培育法治观念，践行法治理念、树立法治信仰的青少年法治教育总体目标，规定将必要

的法律常识纳入不同阶段学生学业评价范畴，在中、高考中适当增加法治知识内容，将法治素养作为学生综合素质的重要组成部分。

——组织开展国家宪法日宣传活动。11月，中宣部、司法部、全国普法办联合下发《关于开展2016年“12·4”国家宪法日集中宣传活动的通知》，部署主题为“大力弘扬法治精神，协调推进‘四个全面’战略布局”学习宣传宪法党内法规系列活动。12月，中宣部、全国人大常委会办公厅、司法部等联合召开2016年“12·4”国家宪法日座谈会；司法部、全国普法办、中央电视台联合举办“12·4”国家宪法日特别节目“宪法的精神、法治的力量—CCTV 2016年度法治人物颁奖礼”，司法部、国家互联网信息办、全国普法办联合开展第13届全国法治动漫微电影征集展播活动和以“学习法律知识，培育法治信仰”为主题的第10届全国百家网站和微信公众号法律知识竞赛。各地区、各部门、各行业，精心组织了一系列有特色的宪法宣传和教育活动。

——建立媒体公益普法制度。2016年，中宣部、中央网信办、司法部、国家新闻出版广电总局、全国普法办联合印发《加强新闻媒体和互联网公益普法宣传工作方案》，安徽等省陆续出台关于加强媒体公益普法宣传的规范性文件，建立公益普法工作联席会议制度、公益普法主流媒体名单制度、公益普法备案制度、公益普法考评机制等。新媒体、新技术在普法中得到广泛运用，中国普法微信公众号订阅用户数约80万，中国普法两微一端总粉丝人数超600万。以中国普法两微一端为龙头，整合全国普法新媒体，集体入驻今日头条和一点资讯客户端，形成“全国普法新媒体矩阵”。

——继续组织实施“百名法学家百场报告会”活动。2016年，“双百”活动在面向各级领导干部的同时，进一步加大了进高校的力度，围绕“习近平总书记关于法治建设的重要思想”“贯彻五大发展理念的法治保障”“把经济社会发展纳入法治轨道”“深入推进依法行政，加快建设法治政府”“坚持总体国家安全观，依法维护国家安全”“运用法治思维和法治方式推进生态文明建设”等6个方面专题组织知名专家学者集体备课并进行宣讲。全国各地共举办“双百”报告会2893场，直接听众达118万余人次。

——继续开展“青年普法志愿者法治文化基层行”活动。2016年，各级地方法学会按照中国法学会工作部署，开展了一系列主题鲜明、独具特色、效果明显的普法宣传活动。宣传阵地在“六进”的基础上扩展到部队营区、交通枢纽、商贸集市等新领域，受众群体由基层干部、农民、市民、学生、员工常态群体延伸至现役军人、残疾人、外籍常住人员等特殊群体。全年共组织法治宣传活动21.2万场次，发放普法材料3000多万册（页），法律服务11多万场次，受教育群众达5500多万人，覆盖全国1876个县（市、区）。

——深入开展多层次多形式法治创建活动。各地深化法治城市、法治县（市、区）创建活动，推进区域社会治理制度化、法治化。深化基层组织依法治理，大力开展民主法治示范村（社区）创建活动，推进基层民主法治建设。各部门、行业深化依法治理，广泛开展“依法行政示范单位”“文明执法示范窗口”“诚信守法企业”“依法治校示范校”创建活动，推进依法行政、依法办事、依法管理。

（二）法学教育

——跨部门培养法治人才。5月，最高人民检察院举行第四批挂职法学专家座谈会，遴选5位法学教授到最高人民检察院挂职。6月，教育部在全国范围内推广西北政法大学“送出去”“请进来”及“携起手”等法治人才合作培养机制。10月，最高人民法院面向全国高等院校、科研机构接收法律研修学者，接收50名法律实习生。12月，高等学校与法律实务部门人员互聘“双千计划”2016年度入选人员名单确定，共有223位法律实务部门专家及219位高校教师入选。最高人民法院中国应用法学研究所自2016年起开始独立招收博士后研究人员。

——法律硕士教育改革。1月，第九届法律硕士教育论坛在北京召开，主题为“法治人才培养机制创新与法律专业学位研究生教育发展”。6月，全国法律专业学位研究生教育指导委员会法律硕士教学案例库第二批案例评审工作会议在北京召开，共征集教学案例118个，入库44个。7月，法律硕士实践教学专题培训班举行。中国人民大学法学院出台《法律硕士培养改革方案》(2016—2019)，提出优化招生比例和方向、加强课程题库建设、完善奖学金制度以及实习就业保障等举措。西南政法大学设立中国仲裁学院，通过在法律硕士中设立仲裁方向等学历教育培养高端应用型人才。

——法学教育主题研究和学术研讨日益繁荣。5月，第三届全国法学教育高端论坛暨亚太法学院院长论坛在北京召开，研讨主题包括英语法律教育、变革中的法律职业和法学院等。7月，教育部高校法学类专业教学指导委员会、中国法学会法学教育研究会2016年年会暨“新发展理念与法学教育改革”论坛召开，围绕法律职业共同体建设、西部法治发展、模拟法庭建设等进行了深入讨论。10月，第七届海峡两岸法学院校长论坛举行，海峡两岸近60所高校的校长、法学院院长等百余名专家学者，围绕法学学科建设与人才培养等相关问题进行了探讨。10月，第五届中澳法学院院长会议在西澳大利亚大学法学院召开，中方14名法学院院长与澳大利亚30多名法学院院长共同就“中澳法学教育的最新发展和政策”“中澳自由贸易协定对法学教育的影响”“如何促进法学教育中的跨学科教学与研究”及“法学职业发展与法学教育”等问题展开研讨。西北政法大学成立反恐怖主义法学院，首届反恐方向博士通过博士学位论文答辩。上海政法学院“中国—上海合作组织国际司法交流合作培训基地”建成，成为培训司法和执法人员、培养法律专业研究生、推进国际司法交流合作等的重要平台。

（三）法学研究

——中国特色社会主义法治理论研究。2016年，中国法学会围绕“十三五”规划、六中全会精神等确定年度重点课题、“百名法学家百场报告会”宣讲选题等，确定12项“研究阐释党的十八届六中全会精神”重点专项课题。中国法学会董必武法学思想（中国特色社会主义法治理论）研究会召开以“弘扬董必武法治精神、推进中国特色社会主义法治理论创新发展”为主题的学术研讨会。“中国法学会法治研究基地”首批认定反恐研究、南海政策与法律研究、东盟法律研究、法治发展与司法改革研究、公法研究、法治评估研究等6家。2016年，中国法学会组织编写的《推进中国特色社会主义法治理论创新和发展》正式出版。

——立法咨询和立法理论研究。2016年，中国法学会召开37场咨询会，就民法总则、慈善法、环境保护税法等27部法律、8部行政法规和2部重要部门规章草案进行讨论。3月，重庆市“2011计划”协同创新中心地方立法评估学术研讨会举行，重点讨论了地方立法的规律、效率和技术等问题。8月，第十一届中国法学家论坛举办，主题为“民法典编纂：理论、制度与实践”。10月，中国民法典编纂婚姻家庭编、侵权责任法编立法研讨会召开。11月，中国法学会立法学研究会以“中国特色社会主义立法理论与实践”召开学术年会。12月，中国民法典编纂中的民商立法问题、合同法编立法问题高端论坛召开。

——中国特色社会主义司法理论研究。2016年，中国法学会组织专家学者参与《以审判为中心的刑事诉讼制度改革意见》起草、论证工作，对立案登记制改革等4项司法体制改革举措开展第三方评估。7月，最高人民检察院公布2016年度检察理论研究课题，共立项122项检察司法理论课题。11月，最高人民法院公布2016年度司法研究重大课题，共确定28个司法研究重大课题。12月，首届新型司法智库建设理论研讨会在上海召开，全国首个省级司法智库学会同时成立。

——南海问题法律研究。2016年，中国法学会积极组织专家学者围绕“南海仲裁案”建言献策，发表《关于菲律宾共和国单方面提起的南海仲裁案的声明》，支持指导海洋法学会联合相关院校组建“海法研究方阵”，并围绕“南海问题”设置系列重点研究课题，约请海洋法、国际法领域知名专家在相关媒体发表文章。3月，“海法研究方阵”第一届海法高端论坛召开。6月，武汉大学联合荷兰莱顿大学举办“南海仲裁案与国际法治研讨会”。7月，“南海仲裁案法律专家座谈会”在北京召开。7月，“南海仲裁案的影响及应对学术讨论会”在南京大学召开。12月，第二届“海法高端论坛”在大连召开。

——法学各学科研究成果丰富。宪法学以法律体系的合宪性控制为重心，围绕宪法与部门法的关系、宪法与法律的“立改废释”、重点领域立法的宪法基础等问题展开研究。法理学研究突出法律全球化背景下的国家治理与制度建构问题。行政法学围绕行政不作为法律问题、市场监管及其行政法问题、行政违法行为检察监督问题、法治政府新课题等展开探讨。民法学围绕民法典编纂的理论与实践主题展开研究。知识产权法学重点研究知识产权与民法典的关系、知识产权法院建设、互联网与知识产权等问题。经济法学围绕“十三五”规划、五大发展理念和供给侧结构性改革等经济社会发展热点等进行探讨。商法学加强对部门商事法具体法制建设、金融法治的国际化等问题的研究。刑事诉讼法学围绕“推进以审判为中心的刑事诉讼制度改革”主题展开研究。社会法学围绕“经济新常态、共享发展与社会法”等主题研究。刑法学重点对“刑法改革中刑法与行政法的关系”“恐怖主义犯罪的司法适用”“信息网络犯罪的司法适用”等问题进行研讨。国际经济法学围绕“国际经济法与全球经济治理”主题开展研讨。中国法制史以“法制转型与政治文明”为重点展开研究。外国法制史围绕“民法典编纂的域外经验借鉴”主题展开研究，等等。

九、关于国际交流与国际合作

2016年，中国积极参与有关国际立法活动，努力推动国际关系民主化、法治化，加强国际反腐败合作和司法协助，多层次多领域开展国际法治对话和法学交流，树立了良好形象，取得了积极成果。

（一）努力推进国际反腐败合作和司法协助

——4月，司法部与英国使馆和经济合作与发展组织（OECD）共同在北京召开“反腐败国际刑事司法协助研讨会”，20多个国家和5个国际组织共约60人与会。

——9月，二十国集团（G20）杭州峰会就国际反腐败合作达成重要共识。中国积极推动通过《二十国集团反腐败追逃追赃高级原则》《二十国集团2017—2018年反腐败行动计划》，并在华设立G20反腐败追逃追赃研究中心。《高级原则》由中方起草，是继2014年APEC《北京反腐败宣言》以来中国在当前主要国际合作机制下主导通过的又一项反腐败国际文件。《行动计划》强调减少腐败一直是G20的一项首要任务，并重申对《联合国反腐败公约》履约审议机制的支持。G20反腐败追逃追赃研究中心是第一个面向G20成员国开展相关研究工作的机构。

——在有关多边场合积极倡导国际反腐败合作。5月，中国代表团出席国际反腐败伦敦峰会，并就“打击腐败”专题作大会发言，倡导国际社会进一步加强追逃追赃合作。5月，国际反贪局联合会第九次年会暨会员代表大会在天津举行，与会代表围绕“反贪机构的未来：汲取经验和规划前景”的会议主题进行了充分交流，会议通过《天津宣言》。11月，中国代表团出席国际反腐败学院第五次缔约方会议，介绍中国在反腐败方面所做努力和最新进展，并就学院发展提出具体工作建议。11月，我国（包括香港、澳门特区）接受《联合国反腐败公约》第一周期审议报告执行摘要在联合国网站公布，我国接受第一周期审议工作基本结束。12月，以“打击腐败，保障经济社会可持续发展”为主题的2016金砖国家总检察长会议在海南三亚召开。

——追逃专项工作。4月，“天网2016”行动启动，中国与美国、加拿大、澳大利亚、新西兰等国加强执法合作，追逃“百名红通人员”。9月，中美执法合作联合联络小组（JLG）反腐败工作组第11次会议在美举行。11月，“百名红通人员”头号嫌犯杨秀珠回国投案自首，杨秀珠归案是中美反腐败执法合作的重要成果。

此外，中国与美国、加拿大、澳大利亚、新西兰等国有关部门密切合作，成功规劝多名“百名红通人员”回国投案自首。

——缔结有关司法协助条约。2016年先后与奥地利、比利时等国家就13项司法协助类条约进行谈判，完成13项条约签署工作，完成中国和塔吉克斯坦引渡条约、中国和马来西亚刑协条约及中国和斯里兰卡刑事司法协助条约的批准程序，完成中国和伊朗引渡条约、移管被判刑人条约互换批准书工作。9月，中国与加拿大正式签署《中华人民共和国和加拿大关于分享和返还被追缴资产的协定》。该协定是我国就追缴转移到境外的犯罪所得对外缔结的第一项专门协定。12月，中国与肯尼亚完成《刑事司法协助条约》和《引渡条约》谈判并草签文本。

——参加有关反腐败国际研讨活动。11月，中国监察部和国际反腐败学院在云南共同举办中国—东盟反腐败研讨班，这是中国首个区域反腐败合作项目，开辟了中国—东盟合作新领域，推动了二十国集团杭州峰会成果向国际社会的延伸。研讨围绕“反腐败与可持续发展”主题，交流各国反腐败经验和挑战，探讨如何促进本地区反腐败合作，共商通过反腐败促进本地区可持续发展。

（二）积极参加有关国际立法活动

——国际海洋法方面。6月，中国代表团出席《联合国海洋法公约》第26次缔约国会议，强调《联合国海洋法公约》争端解决机制是不可分割的整体，各方应秉持《公约》的宗旨，善意、准确、完整理解和适用《公约》及其争端解决机制，避免滥用或不当扩权，对于《公约》未予规定的事项，应继续以一般国际法规则和原则为准据。12月，中国代表在第71届联大全会强调，应促进海洋法治，建立和维护公平合理的海洋秩序，并强调所谓“南海仲裁案”是无效的，没有约束力，中国不接受、不参与、不承认，所谓的“南海仲裁案”已经翻篇，中国将一如既往地做国际海洋法治的维护者，做和谐海洋秩序的构建者。

——气候变化、极地法律方面。4月，国家主席习近平特使、国务院副总理张高丽在纽约联合国总部出席《巴黎协定》高级别签署仪式，并代表中国签署《巴黎协定》。5月，中国代表团出席第39届南极条约协商会议并宣布将于2017年承办第40届南极条约协商会议。9月，国家主席习近平同时任美国总统奥巴马、联合国秘书长潘基文在杭州共同出席气候变化《巴黎协定》批准文书交存仪式。习近平强调，中美两国共同交存参加《巴黎协定》法律文书，展示了共同应对全球性问题的雄心和决心。国际社会应该以落实《巴黎协定》为契机，加倍努力，不断加强和完善全球治理体系，创新应对气候变化路径，推动《巴黎协定》早日生效和全面落实。10 月，中国代表团出席第四届北极圈论坛大会，阐述中国对北极合作的看法。

——国际刑法和反恐法方面。5 月，中国代表团出席在维也纳举行的第 25 届联合国预防犯罪和刑事司法委员会会议，呼吁各国充分发挥联合国在国际反恐合作中的主导作用，加强安全和反恐领域的国际合作，加强打击跨国有组织犯罪和反腐败领域的国际司法合作，拒绝为犯罪分子和犯罪资产提供“避风港”，加强对包括网络犯罪、文化财产贩运等各类新型犯罪调查研究，探索新的国际法律应对方式。10 月，中国代表团出席《联合国打击跨国有组织犯罪公约》第八次缔约方会议并发言，强调各国应充分利用公约开展引渡、司法协助和资产返还合作，建立一个适度、高效的履约审议机制，加强打击网络犯罪国际合作与立法等，以此加强打击跨国犯罪务实合作。12 月，中国代表在安理会加强国际反恐司法合作问题部长级公开会上的发言，强调各国应加强反恐行动法律层面合作，在全球和地区编织起反恐合作的“恢恢法网”，加强反恐立法、司法、执法合作，并应重点打击利用互联网从事恐怖主义活动，强化互联网监管，追究恐怖活动肇事者责任。

——外空法方面。3 月，中国与联合国外空司签署利用中国空间站开展合作框架协议。4 月，中国代表在联合国外空委法律小组委员会第 55 届会议上强调，法治是确保外空用于和平目的和实现长期可持续发展的根本保障，任何国家的外空活动都应以外空条约、原则和宣言为指导，依法进行。国际合作是推进外空法治进程的重要手段，外空法治是切实开展国际合作的制度保障。9 月，中国代表出席第 10 届联合国外空法研讨会并做主旨发言，强调法治化是维护外空安全和可持续性的重要基础，要与时俱进，不断完善外空法和规则体系，稳步推进外空“软法”制定，并充分发挥其作用。

（三）积极推动政府间法治对话

——中俄联合发表《中俄关于促进国际法的声明》。6 月，中俄两国外长签署发表《声明》，这是中俄携手共促国际法治的一次重要实践，不仅在两国历史上尚属首次，在国际关系中也是一次创新。《声明》体现了安理会两大常任理事国对国际法的坚定承诺，标志着两国在国际法领域的沟通、协调与合作迈上了新的台阶，为中俄全面战略协作伙伴关系增加了新的内涵。

——与欧洲、北美洲法治交流方面。4 月，最高人民检察院检察长曹建明访问捷克，与捷克总检察长共同签署两国检察机关合作谅解备忘录。5 月，中国—中东欧国家最高法院院长会议在江苏苏州举行，与会各国最高法院院长和大法官围绕“全球信息化时代的司法”主题展开研讨，会议通过《苏州共识》。9月，中央政法委秘书长汪永清与加拿大总理国家安全顾问在北京共同主持首次中加高级别国家安全与法治对话，双方确定了《对话职能范围》，明确了对话结构和未来合作框架，并就反恐、网络安全与打击网络犯罪、打击跨国有组织犯罪、执法事务、领事事务，以及司法与法治交流等领域的合作进行了深入磋商。11月，中美执法合作联合联络小组举行第十四次全体会议在北京举行。

——上海合作组织框架下的对话活动。10月，出席在哈萨克斯坦阿拉木图举行的第四次上海合作组织成员国司法部长会议，强调应扩大交流，加强合作，为“丝绸之路经济带”建设提供法律服务和保障。11月，司法部在浙江义乌举办上合组织成员国丝绸之路法律服务国际论坛。11月，上海合作组织成员国总检察长会议签署《会议纪要》，决定各成员国检察机关要进一步开展打击网络恐怖主义的国际合作。

——亚非法协框架下的活动。5月，中国代表团出席在印度新德里举行的第55届亚非法协年会，呼吁亚非各国加大对该组织的支持和投入，进一步扩大其代表性和国际影响力，促进国际法治正义，同时加强团结协调，警惕任何针对亚非国家的滥用国际司法程序的行为。中国代表团还将就网络空间国际法、海洋法、反暴力极端主义以及国际法委员会等议题与各国与会代表团进行深入讨论。8月，外交部在北京举办“中国—亚非法协国际法交流与研究项目”第二期国际法培训班。

——与东盟方面。11月，第十届中国—东盟成员国总检察长会议在老挝万象举行，会议以“加强国际合作，有效打击跨国犯罪”为主题，把“贩卖毒品”和“拐卖人口”作为核心关注点。最高人民检察院检察长曹建明出席会议并表示，在新的起点上推动区域检察深入合作，构建更为密切中国—东盟命运共同体。

——条法司长磋商机制运行良好。1月，中俄外交部条法司长磋商，双方围绕海洋法及争端解决、安理会“五常”及金砖国家条法司长磋商等机制等问题交换意见。3月，中德外交部条法司长磋商，双方就海洋法、网络空间国际法等问题深入交换意见。3月，中澳外交部条法司长（法律顾问）磋商及司法执法合作磋商在堪培拉举行，双方围绕海洋法、司法执法合作、国际人道法、南极合作等问题进行深入交流。6月，联合国安理会“五常”外交部条法司长磋商在南京举行，各方围绕武力反恐与自卫权、域外管辖、国家豁免、海洋法、网络空间国际法等议题交换意见。6月，中新（西兰）首次法律对话及司法执法合作圆桌会在新西兰惠灵顿举行，双方就海洋法、国家豁免等议题，以及引渡、司法协助等国内法律制度和国际合作实践交换意见。11月，中美外交部条法司长（法律顾问）磋商在华盛顿举行，双方围绕外交法律工作机制、海洋法、主权豁免、领事法、网络空间国际法、国际人道法等议题交换意见。

（四）务实开展对外法学交流

——与金砖国家方面。9月，中国法学会代表团出席在印度新德里举办的第三届金砖国家法律论坛，围绕“金砖国家金融与法律合作重点问题与关键领域”“国际民商事法律新兴体系：构建金砖国家统一战略与合作机制的现实需要”等前沿热点法律议题与各国与会者进行了交流，并就推动论坛发展以及如何用法治凝聚金砖国家的合作共识、预防化解合作中的风险和争议提出建议。

——东盟框架下的法学交流。5月，中国法学会和泰国司法学院在北京共同主办中国—东盟法律论坛“促进可持续发展法治高层研讨会”，中国—东盟法律研究中心与泰国司法学院签署了《合作备忘录》。9月，中国法学会指导下的首届“中国东盟商事仲裁合作论坛”在中国海口举办，论坛以“一带一路、携手服务”为主题，以“共商、共建、共享”为基本理念，以仲裁理论和实践探索为载体，共议构建中国东盟仲裁合作服务平台，中、柬、新加坡有关机构签订了《合作协议》，确定通过共同组成管理机构，共同推荐仲裁员，共同运用国际商事惯例和法律裁处纠纷，在国际仲裁合作领域具有开创性意义。12 月，中国法学会主办的中国—东盟法律论坛“中国—东盟互联网金融法律变革与合作研讨会”在昆明举行，与会代表围绕中国—东盟互联网金融立法创新问题、中国—东盟互联网金融风险监管问题、中国—东盟互联网金融司法实践问题等议题进行研讨交流，旨在为“互联网 +”时代下的中国—东盟自由贸易区可持续健康发展提供更多法律保障。

——11 月，第三届世界互联网大会智慧法院暨网络法治论坛在浙江召开，最高人民法院院长周强出席并讲话。会议通过《乌镇共识》，强调各国将继续致力于不断拓展和深化彼此在法院信息化和网络空间法治化领域的交流与合作，加强彼此在利用信息技术推进司法公开、诉讼服务、案件审判、法院管理和案例研究等方面的经验交流和成果分享，促进建立更加常态化的各国法院信息化工作交流与合作机制。

——与其他亚洲国家的法学交流。9 月，中国法学会代表团访问印度与斯里兰卡。10 月，第二届中日韩法律论坛暨第四届东北亚法律论坛在长春举办，论坛主题为“加强区域法律合作，开创东北亚新未来”。12 月，中国法学会在昆明举办中国—南亚法律论坛，主题为“加强法治联动，共建一带一路”。论坛结束后，中国—

南亚法律培训基地在云南大学举办首期研修班。

——与欧美方面。7月，中国法学会代表团访问英国、加拿大和美国，与三国法学法律组织进行了广泛接触和深入交流，举办了13次座谈会和两场学术研讨会。10月，中国代表团参加在德国汉堡举行的国际海洋法法庭成立20周年纪念研讨会和纪念庆典，积极驳斥了有关“南海仲裁案”的错误论调。11月，中英法治圆桌会议在北京举行，中国法学会与英中协会签署了《双边合作备忘录》，与会专家学者围绕“一带一路”倡议对世界经济的意义及影响、“一带一路”建设与中英法律服务合作等议题进行深入探讨。这次会议是目前中英两国在法治领域开展的最高层级合作。

结束语

2017 年是中国全面建成小康社会决胜阶段的关键之年。中国共产党将召开第十九次全国代表大会，举世瞩目，意义非凡。

2016 年 10 月，中国共产党十八届中央委员会第六次全体会议专题研究全面从严治党，通过了《关于新形势下党内政治生活的若干准则》和《中国共产党党内监督条例》。治国必先治党，治党务必从严，从严必有法度。从严治党与依法治国相辅相成，依规管党治党是全面依法治国在党的建设中的生动体现。《关于新形势下党内政治生活的若干准则》进一步强调："党的各级组织和领导干部必须在宪法法律范围内活动，增强法治意识、弘扬法治精神，自觉按法定权限、规则、程序办事，决不能以言代法、以权压法、徇私枉法，决不能干预司法。"《中国共产党党内监督条例》将"模范遵守宪法法律情况"明确为党内监督的主要内容之一。坚持依法治国与制度治党、依规治党统筹推进、一体建设，丰富和发展了中国特色社会主义法治理论，中国共产党必将带领中国人民努力谱写中国法治建设的辉煌篇章。

附录

一、2016年全国人大及其常委会制定和修改的法律、法律解释及决定目录（23件）

1. 中华人民共和国深海海底区域资源勘探开发法

2. 中华人民共和国慈善法

3. 中华人民共和国境外非政府组织境内活动管理法

4. 中华人民共和国资产评估法

5. 中华人民共和国野生动物保护法

6. 全国人民代表大会常务委员会关于修改《中华人民共和国节约能源法》等六部法律的决定

7. 中华人民共和国国防交通法

8. 全国人民代表大会常务委员会关于修改《中华人民共和国外资企业法》等四部法律的决定

9. 中华人民共和国网络安全法

10. 中华人民共和国电影产业促进法

11. 全国人民代表大会常务委员会关于修改《中华人民共和国民办教育促进法》的决定

12. 全国人民代表大会常务委员会关于修改《中华人民共和国海洋环境保护法》的决定

13. 全国人民代表大会常务委员会关于修改《中华人民共和国对外贸易法》等十二部法律的决定

14. 中华人民共和国中医药法

15. 中华人民共和国公共文化服务保障法

16. 中华人民共和国环境保护税法

17. 全国人民代表大会常务委员会关于《中华人民共和国香港特别行政区基本法》第一百零四条的解释

18. 全国人民代表大会常务委员会关于开展第七个五年法治宣传教育的决议

19. 全国人民代表大会常务委员会关于授权最高人民法院、最高人民检察院在部分地区开展刑事案件认罪认罚从宽制度试点工作的决定

20. 全国人民代表大会常务委员会关于在北京市、山西省、浙江省开展国家监察体制改革试点工作的决定

21. 全国人民代表大会常务委员会关于授权国务院在部分地区和部分在京中央机关暂时调整适用《中华人民共和国公务员法》有关规定的决定

22. 全国人民代表大会常务委员会关于授权国务院在河北省邯郸市等 12 个试点城市行政区域暂时调整适用《中华人民共和国社会保险法》有关规定的决定

23. 全国人民代表大会常务委员会关于军官制度改革期间暂时调整适用相关法律规定的决定

二、2016年国务院制定和修改的行政法规目录（8件）

1. 国务院关于修改部分行政法规的决定

2. 全国社会保障基金条例

3. 国务院关于修改《疫苗流通和预防接种管理条例》的决定

4. 农田水利条例

5. 国务院关于修改《中华人民共和国海关稽查条例》的决定

6. 国务院关于修改《国务院对确需保留的行政审批项目设定行政许可的决定》的决定

7. 中华人民共和国无线电管理条例

8. 企业投资项目核准和备案管理条例

三、2016年最高人民法院、最高人民检察院发布的司法解释（29件）

1. 最高人民法院关于审理侵犯专利权纠纷案件应用法律若干问题的解释（二）

2. 最高人民法院关于海事诉讼管辖问题的规定

3. 最高人民法院关于对湖北省高级人民法院就人民法院终结执行行为提出执行异议期限问题的批复

4. 最高人民法院关于海事法院受理案件范围的规定

5. 最高人民法院关于适用《中华人民共和国物权

法》若干问题的解释（一）

6. 最高人民法院关于首先查封法院与优先债权执行法院处分查封财产有关问题的批复

7. 最高人民法院关于修改《中华人民共和国人民法院法庭规则》的决定

8. 最高人民法院关于审理毒品犯罪案件适用法律若干问题的解释

9. 最高人民法院、最高人民检察院关于办理贪污贿赂刑事案件适用法律若干问题的解释

10. 关于审理消费民事公益诉讼案件适用法律若干问题的解释

11. 最高人民法院关于人民法院办理接收在台湾地区服刑的大陆居民回大陆服刑案件的规定

12. 最高人民法院关于“瑞生”轮在黄岩岛附近海域沉没引发的相关案件管辖权问题的批复

13. 最高人民法院关于适用刑事诉讼法第二百二十五条第二款有关问题的批复

14. 最高人民法院关于人民法院特邀调解的规定

15. 最高人民法院关于人身安全保护令案件相关程序问题的批复

16. 最高人民法院关于审理发生在我国管辖海域相关案件若干问题的规定（一）

17. 最高人民法院关于审理发生在我国管辖海域相

关案件若干问题的规定（二）

18. 最高人民法院关于人民法院网络司法拍卖若干问题的规定

19. 最高人民法院关于人民法院在互联网公布裁判文书的规定

20. 最高人民法院关于审理民事、行政诉讼中司法赔偿案件适用法律若干问题的解释

21. 最高人民法院关于民事执行中变更、追加当事人若干问题的规定

22. 最高人民法院关于人民法院办理财产保全案件若干问题的规定

23. 最高人民法院关于办理减刑、假释案件具体应用法律的规定

24. 最高人民法院关于审理独立保函纠纷案件若干问题的规定

25. 最高人民法院　最高人民检察院关于办理非法采矿、破坏性采矿刑事案件适用法律若干问题的解释

26. 最高人民法院关于审理非法行医刑事案件具体应用法律若干问题的解释

27. 最高人民法院关于审理拐卖妇女儿童犯罪案件具体应用法律若干问题的解释刑一庭

28. 最高人民法院　最高人民检察院关于办理环境

污染刑事案件适用法律若干问题的解释

29. 最高人民法院关于修改《最高人民法院关于巡回法庭审理案件若干问题的规定》的决定

Preface

China made new and great achievements in promoting the rule of law by firmly taking the socialist road of the rule of law with Chinese characteristics and firmly advancing the law-based governance of the country under the strong leadership of the Communist Party of China in 2016: it persisted in scientific legislation and democratic legislation with the quality becoming better and better; it exercised administration by law thoroughly and strictly standardized fair and civilized law enforcement with conspicuous achievements in the construction of a law-based government; it made tremendous efforts to advance the judicial reform, improve the judicial management system and the mechanism for the exercise of the judicial power, standardized the judicial behaviors and strengthened oversight over judicial activities with judicial credibility further growing; it noticeably increased the people's consciousness of the need to promote the rule of law by giving wide publicity and education on the rule of law and improving the mechanism for the popularization of the law;

and it reaped rich fruits in the construction of the socialist law-based culture with Chinese characteristics by constantly innovating and developing legal education and legal research. The vivid practices in Chinese legislation, law enforcement, administration of justice, popularization of the law and legal publicity in 2016 showed the good prospect of the efforts China has made to promote the rule of law.

Ⅰ. Legislation and Supervision by the National People's Congress and its Standing Committee

The Chinese National People's Congress and its Standing Committee formulated a total of ten laws, revised 24 laws, and adopted six decisions on legal issues and made one legal interpretation in 2016. By the end of December, there were 256 current effective laws, apart from the current Constitution.

(1) Strengthen Legislation in the Major Fields

—Formulating the Charity Law. The Charity Law is an important law in the social sphere, and a basic and comprehensive law guiding the construction of the charity system. It was adopted at the Fourth Session of the Twelfth National People's Congress in March. Its main contents are: one, it clarifies that the "charitable activities" herein refer to the public benefit activities carried out voluntarily by natural persons, legal persons, and other organizations in the forms of donating property and providing services: such as helping the poor and needy, assisting the elderly, orphans, the ill and disabled, and providing special care, alleviating losses incurred by natural disasters, accidents, public health incidents and other emergencies, promoting the development of education, science, culture and public health and sports, and protecting environments. Two, it clarifies the definition of charity organization and the procedure for its establishment, standardizes its code of conduct and internal management and defines its obligation for the transparency of information. Three, it clarifies that charity fund raising includes public fund raising activities directed at society at large and targeted fund raising activities directed at special targets, and prescribes special standards for public fund raising. Four, it clarifies the record system for charitable trusts, the scope of trustees and the obligations of trustees and supervisors. Five, it standardizes the use of financial assets of charitable organizations. It makes clear that financial assets shall be used entirely for charitable purposes in accordance with the organizational charter and donation agreements. In addition, it includes prescriptions for the measures taken to promote the development of charitable services and charitable causes, supervision over and service guidance for charitable activities and legal responsibilities for law violations in the charitable sphere.

—Formulating the Law on the Administration of Activities of Overseas Non-governmental Organizations in the Mainland of China. In order to standardize the activities of overseas non-governmental organizations in the mainland of China and safeguard their legitimate rights and interests to promote exchanges and cooperation, the NPC Standing Committee adopted the Law on the Administration of the Activities of Overseas Non-governmental Organizations in the Mainland of China in April. The law states that overseas NGOs refer to the non-profit and non-governmental foundations, social groups and think tanks, established lawfully outside the mainland of China, and can carry out public interest activities in economy, education, science, technology, culture, public health and sports, environmental protection, poverty alleviation and disaster relief that are beneficial to the development of public interest causes. The law also prescribes the way how they carry out their activities, the procedure and promotional measures. It improves the relevant system and measures for administration, strengthens supervision over financial sources and use of their funds and clarifies the corresponding legal responsibilities.

—Formulating the Cyber Security Law. The Cyber security Law is a basic law in the cyber security field. It was adopted by the NPC Standing Committee in November. The law correctly handles the relationships between space freedom and order, security and development, and autonomy and opening-up. It upholds the principles of active utilization, scientific development, law-based management and guarantee for security, clarifies the responsibilities of the competent departments, operators and users of the networks for cyber security, and established the basic management system for guaranteeing national cyber security to provide the legal guarantee for maintaining the security and order in the cyber space and protecting the legitimate rights and interests of the people.

—Formulating the Law on Traditional Chinese Medicine. Traditional Chinese medicine is a treasure of the Chinese nation, and an important component part of the Chinese medical and health service. The law was adopted by the NPC Standing Committee in December. Its main contents are: One, it clarifies the important place of traditional Chinese medicine and the principle for its development, and makes it clear that traditional Chinese medicine includes medicines of the Han and all other nationalities living in

China. It makes clear that the government makes large efforts to develop traditional Chinese medicine and attaches equal importance to both traditional Chinese and Western medicines. Two, it develops the service of traditional Chinese medicine, and retains and exploits the advantages of traditional Chinese medicines. Three, it establishes a management system that conforms to the characteristics of traditional Chinese medicine. Four, it increases government support to traditional Chinese medicine. Five, it strengthens supervision over the medical service, and the production and sale of traditional Chinese medicines. Six, it strengthens the training of personnel working in traditional Chinese medicine service. Moreover, it also includes provisions on support to the inheritance, innovation and promotion of traditional Chinese medicine, popularization of the culture of traditional Chinese medicine and legal responsibilities.

—Formulating the Public Cultural Service Guarantee Law. The law is a basic law of overall importance in the cultural field. It was adopted by the NPC Standing Committee in December. Its main contents are: One, it clarifies the extents of the public culture service, that is, public cultural facilities, cultural products, cultural activities or other relevant services in which the government takes the lead and social resources participate, and which are supplied mainly for the purpose of satisfying the basic cultural demand of citizens. Two, it clarifies the principles that should be observed for public cultural services, that is, adhering to the orientation for the advancement of the advanced socialist culture, adhering to the people as the center, and adhering to the guidance of the socialist core values; and, giving support to the creation and production of fine public cultural products to enrich the content of public cultural services in accordance with the policy of "letting a hundred flowers blossom and a hundred schools of thought contend". Three, it clarifies the standards for the basic public cultural services and the systems for free public cultural service facilities or preferential admission and public notices on public cultural services. Four, it defines the responsibilities of the government for the work of public cultural services. Five, it prescribes the procedures for the demolition and reconstruction of public cultural facilities. Six, it strengthens the digitalization of the public cultural services and the construction of the webs. Seven, it improve the effectiveness of public cultural services. Moreover, it also includes the financial guarantee, supervision and management, personnel training, and the legal responsibilities for the violations of the law.

—Formulating the Environmental Protection Tax Law. It was adopted by the NPC Standing Committee in December. It was the first tax law adopted by the current NPC Standing Committee. It was based on the current pollution discharge fee system and connected with the newly revised Law on Environmental Protection. In accordance with the principle of "level shift from pollution discharge fee to the tax burden", it clarifies the systems for tax payers, targets for taxation, basis for taxation, tax items, tax amount, tax collection and management.

—Revising the Law on the Protection of Wildlife. The NPC Standing Committee revised the Law on the Protection of Wildlife in July. The revision upholds the principles of giving priority to the protection of wildlife, rational utilization of wildlife resources and strict supervision and control, further strengthens the protection of wildlife and its habitat, improves the systems and measures for the protection of wildlife, supervision and control. It explicitly prohibits the production and sale of foods made of wildlife under special government protection and their products, and explicitly prohibits the illegal purchase of wildlife under special government protection and their products for food. It increases guard against and punishment to the illegal capture and hunting of wildlife, and illegal trading of wildlife.

—Revising the Law on Promoting Privately-Run Schools. In order to advance the reform of classified management and promote the healthy development of privately-run schools, the NPC Standing Committee adopted the decision on revising the Law on Promoting Privately-run Schools in November. It clarifies the classified management of privately-run schools, prohibits the establishment of profitable privately-run schools, improves the mechanism for the management of privately-run schools by legal persons, increases the government measures to support privately-run schools, and includes provisions on the issue of transition from current privately-run schools.

In 2016, the NPC Standing Committee also adopted the Law on the Exploration and Development of Deep Seabed Area Resources, the Asset Evaluation Law, the National Defence Transportation Law, and the Law on Promoting the Film Industry, revised the Law on the Protection of Maritime Environment, and reviewed the Red Cross Society Law, the Law on Promoting Medium-sized and Small Enterprises, the revised draft of the Surveying and Mapping Law, the drafts of the amendments to the Nuclear Security Law, the State Intelligence Law, the Electronic Commerce Law and the Law on the Prevention and Control of Water Pollution. The NPC Standing Committee also reviewed the draft of the General Principles of the Civil Law.

(2) Support and Guarantee the Reforms in the Relevant Fields

—Making decisions on authorization according to law to provide the basis for the experimental work of reforms. The deepening of the reform of the national supervision system has a great deal to do with the reform of the major political system that concerns the overall situation. In the spirit of the instruction that "all major reforms should be based on law", the NPC Standing Committee made the decision on making experiments on the reform of the national supervision system in the municipality of Beijing and the provinces of Shanxi and Zhejiang. It made clear that supervision committees would be set up in the experimental regions to exercise the power of supervision. The supervision committees, elected at the people's congresses at the same level, are responsible to the people's congresses and their standing committees and the supervision committees at the upper level and accept their oversight. The supervision committees exercise supervision over all public officials in their respective regions who use public power according to law. The regions making experiments temporarily adjusted or suspended the application of the relevant provisions of the Administrative Supervision Law, Criminal Procedure Law and local organic laws.

The NPC Standing Committee also adopted decisions on authorizing the Supreme People's Court and the Supreme People's Procuratorate to make experiments on adopting the system of giving leniency to whoever admit guilt and submit to punishment, authorizing the State Council to make temporary adjustment to the application of relevant provisions of the Civil Servant Law of the People's Republic of China in some regions and some central organs in Beijing, and authorizing the State Council to make temporary adjustment to the application of relevant provisions of the Social Insurance Law of the People's Republic of China in the administrative areas of Handan in Hebei Province, and eleven other cities, and make temporary adjustments to the application of provisions of the relevant laws during the period of the reform of the officer system.

—Making an overall plan for revising a number of laws to continue the reforms in the relevant fields. The NPC Standing Committee adopted a decision on revising six laws including the Energy Conservation Law in July to further optimize the process of examining and approving investments and improve the efficiency of administrative examination and approval. It adopted another decision in November on revising the Foreign Trade Law and eleven other laws and making changes to the similar or relevant clauses and paragraphs in the laws related to administrative examination and approval and the acceptance of professional qualifications. The two overall revisions provided the legal support and guarantee for deepening the reforms to streamline administration, delegate more powers, improve regulation, provide better services, and promote the transformation of government functions. The NPC Standing Committee made two decisions in August 2013 and December 2014 on authorizing the State Council to make temporary adjustments to the administrative examination and approval prescribed in the relevant laws in the pilot free trade zones in Shanghai, Guangdong, Tianjin and Fujian and made a explicit provision that if the relevant reform measures "proved to be workable in the three years of experiments, the relevant laws should be revised and perfected." The State Council submitted a proposal after summing up the experience in the experiments, and the NPC Standing Committee made an overall revision in September, 2016, of the Law on Foreign Capital Enterprises, the Law on Chinese-Foreign

Equity Joint Ventures, the Law on Chinese-Foreign Contractual Joint Ventures and the Law on the Protection of Investments of Taiwan Compatriots, and upgraded the reform measures taken for the experiments in the pilot free trade zones into laws, and at the same time terminated the legal validity of the two authorization decisions.

(3) Make the Interpretation on Article 104 of the Hong Kong Basic Law

In the light of the advocacy of "Hong Kong independence" by individual members of the Legislative Council of the Hong Kong Special Administrative Region when taking oaths and their words and acts insulting the country and nation and the disputes arising from them inside the Legislative Council and the society of Hong Kong as a whole, the NPC Standing Committee exercised the power conferred on it by the Constitution and the Basic Law of Hong Kong, adopted an interpretation of Article 104 of the Basic Law of the Hong Kong Special Administrative Region, making it clear that the provision in the article "swear to uphold the Basic Law of the Hong Kong Special Administrative Region of the People's Republic of China and swear allegiance to the Hong Kong Special Administrative

Region of the People's Republic of China" is both the statutory content that must be included in the oath prescribed in the article and the statutory requirement and qualification for entering in the contest for or taking an official post listed in the article; it makes clear the statutory procedure and content that must be abided by in taking the oath for an official post; and it makes clear the legal consequence of losing the qualification for taking the official post after violating the provision on oath taking and the legal responsibility for taking a false oath or contravening the oath.

(4) Promoting Scientific Legislation and Democratic Legislation

The NPC Standing Committee attached importance to further improving the mechanism and methods for the legislative work and strengthened organization and coordination to improve the precision and accuracy of the legislative work. One, it issued the Opinions on Establishing and Improving the System of the Working Organs of the Special Committees and the Standing Committee of the National People's Congress for the Organization of Preparing the Drafts of Major Laws to strengthen its organization and coordination for the legislative work and give full play to the leading role of the National People's Congress in the legislative work. Two, it improved the system of soliciting opinions from NPC deputies for preparing law drafts by inviting deputies to participate in the work of making legislative investigations, argumentations, reviews and assessments, and conscientiously heard and adopted opinions and suggestions from NPC deputies to give still better play to the role of the deputies in legislation. Three, it formulated the Norms for the Collection of and Argumentation for Legislation Projects and improved the system for the collection of legislation projects and the work of argumentation to advance the standardization and systematization of the legislative work. Four, it set up a legislative expert committee to give play to the role of legislative experts and advisors. Five, it actively advanced the establishment of contact points for basic level legislation and solicited opinions from four contact points for the drafts of seven laws and the legislative work plan for 2017 so that the legislative work was more closely related with the feelings and conditions of the people at the grassroots. Six, it held the Twenty-second National Symposium on Local Legislation to strengthen its guidance over the local legislative work and further promote the local legislative power of the cities with districts.

(5) The Supervision Work of the NPC Standing Committee

The NPC Standing Committee exercised its power of supervision in 2016, strengthened its supervision and innovated the method of supervision to urge the government, the Supreme People's Court and the Supreme People's Procuratorate to exercise administration by law and administer justice fairly to guarantee that the legitimate rights and interests of the people were earnestly protected and the major policies arrangements made by the Central Committee of the Communist Party were implemented in an all-round way.

—Inspecting the implementation of laws. The NPC Standing Committee inspected the implementation of six laws, including the Food Safety Law, the Work Safety Law, the Road Traffic Safety Law, the Environmental Protection Law, the Water Law and the Law on Promoting the Transformation of Scientific and Technological Achievements.

The NPC Standing Committee inspected the implementation of the Food Safety Law, by laying emphasis on risk monitoring, risk assessment and classified risk management, the implementation of the relevant laws and systems related to food production and sale to prevent risks and the implementation of the supervisory laws and systems in the whole process, the implementation of the legal responsibility systems and the implementation of the relevant laws and systems for supervision over special foods and the social governance of food safety. As to the implementation of the Work Safety Law, the NPC Standing Committee focused its inspection on the establishment of the work safety system, the publicity to and implementation of the work safety law, the corresponding measures taken by the relevant departments as required by legal supervision, the main problems in work safety and the opinions and suggestions for work safety. As to the implementation of the Road Traffic Safety Law, it focused on law enforcement and supervision over law enforcement, the outstanding problems in road traffic safety and the measures and suggestions for the improvement of the ability to improve road traffic safety. The inspection of the implementation of the Environmental Protection Law focused on the efforts made by local governments and departments to promote progress in the implementation of the law and the systems, and the measures to strengthen supervision over environments, promote the prevention and control of environmental pollution and improve the environmental quality and the main problems in the environments. As to the implementation of the Water Law, the stress was laid on the inspection of the construction of the facilities and investment for farm irrigation and water conservancy, introduction of water-saving irrigation methods and water-saving technologies, protection of water sources and facilities for farm irrigation, participation of collective economic organizations and their members in the construction of farm water conservancy facilities, the reform of the system of property rights to small farm irrigation facilities, and the improvement of the water conservancy service system. When inspecting the implementation of the Law on Promoting the Transformation of Scientific and Technological achievements, the NPC Standing Committee focused its attention on the principal role of enterprises strengthened by local governments and departments in the transformation of scientific and technological achievements, and the measures they took to encourage schools of higher learning and research institutions to transform scientific and research achievements and improve the services provided for the transformation of scientific and technological achievements, the use and disposal of scientific and technological achievements and management of the income from them, and the implementation of the law related to awards and remunerations for scientific and research achievements made on jobs, and the main problems pending solutions.

In the course of inspecting the implementation of the six laws, members of the NPC Standing Committee put forward opinions and suggestions for the revision of the relevant laws and the improvement of the work. The State Council and the related departments under the State Council paid special attention to their opinions and suggestions, and adopted corresponding measures to improve their work.

Moreover, in order to strengthen follow-up oversight over the work of the Government and the Supreme Court and Supreme Procuratorate in handling the inspection reports and the opinions and suggestions from NPC Standing Committee members on the reports and the improvements made by the government, court and procuratorate thereafter, and to urge them to solve the outstanding contradictions and problems, the NPC Standing Committee asked them to submit written or oral reports on their follow-up work. Apart from hearing the feedback report from the State Council on handling the inspection report on the implementation of the Food Safety Law and the opinions from NPC Standing Committee members, it also reviewed the feedback reports from the State Council on handling the inspection reports on the implementation of the Vocational Education Law and the Law on the Protection of the

Rights and Interests of the Elderly in 2016.

—Hearing and reviewing special work reports. The NPC Standing Committee heard and reviewed 20 work reports from the State Council, the Supreme People's Court and the Supreme People's Procuratorate on the work in economy, finance, environments and judicature in 2016.

One, it heard a report on the implementation of the 2016 National Economic and Social Development Plan, a report on the management of the state-owned assets and the system reform and a report on the work of innovations in agricultural and forestry science and technology from the State Council and firmly advanced the supply-side structural reform to promote the steady and healthy economic and social development and guarantee a good beginning of the Thirteenth Five-Year National Economic and Social Plan.

Two, it heard from the State Council the report on the implementation of the 2016 budget, the work report on the auditing of the implementation of the 2015 central budget and other revenues and expenditures, the report on the 2015 central final accounts, the report on the correction of the problems found in the auditing of the implementation of the 2015 central budget and other revenues and expenditures and the report on deepening the reform of the transfer pay system and reviewed them. It examined and approved the 2015 central final accounts, examined and approved the 2016 central budget adjustment plan submitted by the State Council and promoted the reform of the fiscal and tax system and the related legislative work to ensure that the state funds are well managed and used.

Three, it heard the report from the State Council on the environmental situation and the fulfillment of the targets for environmental protection in 2015 and the report on the construction and management of the natural preservation zones to push forward the comprehensive implementation of the strictest legal system for environmental protection and solve the outstanding environmental problems to which the people had expressed strong negative sentiments and make efforts to promote the green development mode and lifestyle. It was for the first time that the NPC Standing Committee heard and reviewed the annual report on the environmental situation and the fulfillment of the targets for environmental protection in accordance with the provision in Article 27 of the newly revised Environmental Protection Law. It will become a system for the NPC Standing Committee to hear such reports, and urge local governments at all levels to make reports on the annual environmental conditions to the people's congresses and their standing committees at the same level and the fulfillment of the targets for environmental protection, and accept supervision from people's congresses and the people.

Four, it heard the report from the Supreme People's Court on deepening judicial transparency and promoting judicial fairness and the mid-term report on the experiments on the reform of the people's assessor system, the report from the Supreme People's Procuratorate on strengthening supervision over investigations to safeguard judicial fairness and the mid-term report on the experiments on bringing public interest actions. It strengthened supervision, deepened the reform of the judicial system, supported and pushed forward the orderly proceeding of the experimental work of the reform in the judicial sphere to further strengthen judicial transparency, standardize judicial behaviors, improve the supervision mechanism and improve judicial credibility.

Moreover, the NPC Standing Committee also heard and reviewed the report on the implementation of the decision on the Sixth Five-Year Plan for Wide Publicity to the Judicial System, the report on the work of the reform and development of higher education and the work report on the implementation of the Law on Administration of Entry and Exit.

—Strengthen the implementation of and supervision of the Constitution. One, it comprehensively implemented the system of taking the oath of allegiance to the Constitution. The NPC Standing Committee held six ceremonies of taking the oath of allegiance to the Constitution and organized 23 newly appointed state functionaries to take the oath in 2016. Two, it held a symposium to mark the national Constitution Day. December 4, 2016 was the third national Constitution Day, and General Secretary Xi Jinping made an important instruction on the Exhibition Hall for the 1954 Constitution Historical Data. He stressed that to conduct publicity and education on the Constitution was an important task for the comprehensive governance of the country according to law, it was essential to uphold the organic unity of the leadership of the Party, the people becoming the masters of the country and law-based governance of the country, popularize the knowledge of the Constitution, enhance the sense of the Constitution and carry forward the spirit of the Constitution to promote the implementation of the Constitution. Three, strengthen publicity and education on the Constitution. When it heard the report from the State Council on the implementation of the Sixth Five-Year Plan for the Popularization of the Knowledge of the Law and the relevant proposals, the NPC Standing Committee made the resolution on conducting publicity and education on the Seventh Five-Year Plan for the

Popularization of the Knowledge of the Law, requiring organizers to give first place to publicity to the Constitution, conduct publicity and education on the Constitution in the whole society, develop the spirit of the Constitution and establish the authority of the Constitution.

—Promote the work of examining the normative documents filed to the central organs. One, the working organ of the NPC Standing Committee examined 37 administrative regulations and judicial interpretations submitted by the State Council, the Supreme People's Court and the Supreme People's Procuratorate for record one by one. It put forward explicit opinions and suggestions to all these documents whether they had the problem of inconsistency with laws. On the important matters of the revision of the Electoral Law, the implementation of the Budget Law and the reform of the administrative examination and approval system, it chose the relevant local statutes for examination and required the relevant local governments to handle the matters in time when finding inconsistencies with the revised laws. Two, it conscientiously handled suggestions for examination submitted by citizens and organizations. In 2016, the working organ of the NPC Standing Committee handled 92 suggestions, and found one document with inconsistency with the relevant law, and helped the formulating organ to include the revision of the document in the 2017 legislative plan. The feedback work for the examination of suggestions gradually became standard and normal. It gave written feedbacks to 28 citizens who submitted suggestions in 2016. It notified the suggestion makers with conclusions after the NPC Standing Committee finished the examination of the statutes and judicial interpretations within its competency, but transferred the suggestions to other normative documents not within its competency to the relative state organs for handling them. Three, it improved the work mechanism for the examination of filed documents. The working organ of the NPC Standing Committee formulated the Work Rules of the Commission of Legislative Affairs of the NPC Standing Committee for the Examination of Statutes and Judicial Interpretations Filed for Record (for trial implementation), and standardized the major links of making communications and consultations with document makers, submitting written opinions and suggestions for correction to promote the systematization and standardization of the work of examining filed documents. The NPC Standing Committee started the construction of the platform for the retrieval of information on filed statutes and put it into operation to make preparations for the electronic filing of statutes.

Ⅱ. Administration by Law

China continued to make large efforts to exercise administration by law, conscientiously implemented the Implementation Programme for the Construction of Law-based Government (2015 – 2020), and obtained new achievements in the construction of the law-based government in 2016.

(1) The Legislative Work of the State Council

The State Council submitted thirteen law bills and two resolution drafts to the NPC Standing Committee, requested the NPC Standing Committee to review ten treaties and conventions, formulated and revised eight administrative regulations, and ratified eleven conventions, agreements and protocols.

—Promulgating the Decision of the State Council on Revising Part of the Administrative Regulations. In order to promote the reform of streamlining administration, delegating more powers, improving regulation, and providing better services, the State Council cleaned up the administrative regulations related to the cancellation and adjustment of examination and approval items, the price reform and the universal measures taken to reduce fees, and issued the Decision of the State Council on Revising Part of the Administrative Regulations in February and revised part of the articles and paragraphs of 66 administrative statutes. The State Council cancelled a total of 165 examination and approval matters that the State Council departments and the local government departments they had designated to handle, cleaned up and standardized the examination and approval matters for 192 intermediary services, and the acceptance of 220 professional qualifications.

—Formulating the National Regulations on Social Security Funds. In order to standardize the management and operation of the social security funds throughout the country and strengthen supervision over the social security funds throughout the country to preserve and increase the value of the funds on the premise of guaranteeing their safety, the State Council adopted the National Regulations on Social Security Funds in February, and it became effective as from May 1, 2016. The Regulations make clear that the national social security fund is the national social security reserve fund. It is composed of allocations from the central budget, transfers from state-owned capital, profits from the fund investments and funds raised in other forms approved by the State Council, and is used to supplement or regulate the expenditures for social security at the peak of the aging population. It prescribes explicit provisions on the raising, use, management and operation of the fund and supervision over it.

—Formulating the Regulations on Farm Irrigation and Water Conservancy. In order to accelerate the development of farm irrigation and water conservancy facilities and increase the overall agricultural producing capacity to guarantee the security of the national food grain supply, the State Council adopted the Regulations on Farm Irrigation and Water Conservancy in April, and the Regulations became effective on July 1. The regulations established the principles that should be upheld for the development of the farm irrigation and water conservancy work, prescribed the procedure for the preparation of the plan for irrigation and water conservancy, enacted the corresponding measures for strengthening the construction of the irrigation and water conservancy projects, the operation and maintenance of the projects, the management for farmland irrigation and drainage and absorbing social forces to participate in the construction of farm irrigation and water conservancy projects, and clarified the legal responsibilities of behavior subject for the violation of the regulations.

—Formulating the Regulations on the Administration of Approval and Record for Enterprise Investment Projects. In order to standardize the government behavior of approval and record for enterprise investment projects, accelerate the transfer of the government function of investment management and guarantee the power of the enterprises to make decisions on investment, the State Council issued the Regulations on the Administration of Approval and Record for Enterprise Investment Projects in December, and it took effect as from February 1, 2017. The regulations are the first administrative statue China issued in the field of fixed assets investment. Its main contents are: one, it standardizes the behavior of approval for projects; two, it standardizes the behavior of submitting files for record; three, it strengthens operational and post-operational oversight; four, it provides better services; and five, it ascertains responsibilities strictly.

—Revising the Regulations on the Circulation and Preventive Inoculation of Vaccines. Since the regulations became effective in June, 2005, it played an important role in strengthening the management of the circulation and inoculation of vaccines, preventing and controlling the occurrence and prevalence of infectious diseases and protecting the personal health and public health. The State Council revised the regulations in April. Its main changes are: One, it improves the legal system for the sales channel, cold chain storage and transportation of second vaccines; two, it establishes the legal system for the thorough retrospective legal system for vaccines; and three, it increases punishment and accountability for criminal behaviors and ineffective supervision in the circulation and preventive inoculation of vaccines.

—Revising the Customs Inspection Regulations of the People's Republic of China. In order to meet the requirement for the facilitation of customs clearance for foreign trade at ports, the State Council revised the Customs Inspection Regulations of the People's Republic of China in June. One, it adds the basic measures to support customs clearance, two, it further standardizes and optimizes the customs clearance procedure, three, it improves the power and measures for customs clearance, and four, it clarifies the principles for the implementation of the policy of combining leniency with severity in incurring punishments for the violations of laws.

—Revising the Regulations of the People's Republic of

China on the Management of Radio Operation. Since it became effective in September 1993, the Regulations of the People's Republic of China on the Management of Radio Operation played a positive role in guaranteeing the rational development and utilization of the radio frequency and safeguarding the radio wave order. With the deepening of the reform and the widespread application of the radio technology in all spheres of the social life, the State Council and the Central Military Commission revised the regulations in November to meet the actual need of the radio management work. The main contents of the revised regulations are: One, it covers the management of radio frequencies, the management of radio stations and bases, the management of transmission equipment and the foreign-related radio management. Two, it improves the management system for the effectively development and utilization of the radio frequencies. Three, it reduces and standardizes the administrative examination and approvals for radio. Four, it strengthens the operational and post-operational oversight, and increases punishment for the criminal activities of using "pseudo base stations" for telecommunication frauds.

(2) Administration by Law

—Administrative reconsideration. The State Council received a total of 7,491 applications for administrative reconsideration (including 2,702 applications carried over from the previous year), and concluded 2,409 of them. It filed for the examination of 1,495 applications (including cases carried over from the previous year), and concluded 373 of them. It continued to push forward the work of promoting the reform of the administrative reconsideration system and the revision of the Administrative Reconsideration Law, and guided and supervised the administrative reconsideration work throughout the country, put forward the explicit requirement for the improvement of the work of filing cases for administrative reconsideration at the original level, and developed the statistics system for administrative reconsideration and administrative response cases throughout the country.

—Filing regulations and rules for the record. A total of 891 local regulations, autonomous regulations and single regulations were submitted to the State Council for the record by local people's congresses with legislative power in 2016. The departments of the State Council and the local governments with legislative power submitted 747 rules to the State Council for the record, including 488 rules from local governments and 259 rules from State Council departments. The Office of Legislative Affairs of the State Council laid emphasis on the examination of the rules and regulations submitted by cities and autonomous prefectures with newly acquired legislative power, and made special examination of the department rules already filed for record in relation to the reform of "delegating power, improving regulation and providing better services".

—Implementing the ImplementationProgramme for the Construction of A Law-based Government (2015—2020). After the programme was published, the Office of Legislative Affairs of the State Council gave positive publicity to the programme, and travelled to Jiangsu and Guangdong to urge the local governments to implement the programme and called meetings of the departments under the State Council for the same purpose.

—Construction of the arbitration system. The Office of Legislative Affairs of the State Council further improved the system of submitting statistics on the acceptance of cases by arbitration organs, established the system of submitting reports on the violation of laws and discipline in handling arbitration cases and the correction of wrong arbitral rulings by judicial organs, and improved the system of election of new leaderships of arbitration commissions and the review system. It actively coordinated relevant departments to formulate policies and measures for the development of the arbitration work. The Ministry of Justice formulated and issued the Opinions on Standardizing and Strengthening the Management of the Registration of Arbitration Organs to improve the credibility of arbitration. At the same time, it included the " formulation of and organization of the implementation of the Provisions on the Management of the Registration of Arbitration Organs" in the power and responsibility list of the Ministry of Justice, published it on the Web of the Central Institutional Organization Commission. The establishment of arbitration organs is defined as an administrative examination and approval matter exercised by provincial judicial and administrative organs.

—The reform of the relatively concentrated administrativelicensing power. Since the Central Institutional Organization Commission and the Office of Legislative Affairs of the State Council jointly issued the Circular on the Distribution of the Plan for the Work of Experiment on the Relatively Concentrated Administrative Licensing Power, the country started a new round of the reform of the relatively concentrated administrative licensing power. The relevant reform in the experimental zones of Tianjin, Hebei, Shanxi, Jiangsu, Zhejiang, Guangdong, Sichuan and Guizhou was deepened on the original basis. In the current round of the reform, most of the experimental zones established independent "administrative examination and approval bureaus", and greatly reduced the number of examination and approval matters, and cut down the number of organs and personnel for examination and approval, and improved the efficiency to a certain degree and explored to establish the list of division between power and responsibility for supervision.

Ⅲ. Judicature, Prosecution, Public Security and Judicial Administration

(1) Judicature

The Supreme People's Court accepted 22,742 cases and concluded 20,151 cases in 2016, 42.3% and 42.6% respectively more than in the previous year. The local courts at all levels accepted 23.03 million cases, tried, executed and concluded 19.772 million cases with a subject amounting to 4,980 billion yuan, 18%, 18.3% and 23.1% respectively more than in the previous year.

—Trying criminal trials. The courts at all levels tried and closed 1.116 million criminal cases of first instance, and sentenced 1.22 million criminals in 2016. They severely punished the crime of endangering the state security. They tried and closed the cases of Zhou Shifeng and others for subverting the state power, and increased punishment to violence, terror, cult and other crimes. They severely punished corruption and bribery and tried and closed 45,000 cases of corruption and bribery, involving 63,000 persons.

They provided judicial services for poverty alleviation, and firmly punished the crime of corruption and embezzlement of funds allocated for helping the poor by trying and closing 15,000 cases. They strengthened the work of cracking down on the Mafia-type organizations and evil forces by trying and closing 226,000 criminal cases of homicide, robbery, kidnapping and theft. They punished the drug-related crimes by trying and closing 118,000 cases. They tried and closed 23,000 cases of insider trading and financing frauds. They severely punished the crime of infringing on the rights and interests of women and children by trying and closing 5,335 criminal cases of kidnapping and sexually assaulting women and children and 213 criminal cases of bullying or humiliating people in schools. They severely punished telecommunication and cyber crimes by trying and closing 1,726 cases. The Supreme People's Court tried Nie Shubin's intentional homicide and rape case and changed his verdict to innocence.

—Trying civil and commercial cases. The courts at all levels tried and closed 6.738 million civil cases of first instance in 2016, 8.2% more than in the previous year. Among them, there were 1.752 million marriage and family cases, 475,000 labour dispute cases and 29,000 cases for the protection of the rights and interests of consumers. The courts at all levels tried and closed 4.026 million commercial cases of first instance, 20.3% more than in the previous year. Among them, there were 1.248 million dispute cases in relation to equity, securities, futures, bills and insurance, 3,373 bankruptcy cases, 255,000 real estate dispute cases and 318,000 cases involving the separation of the three rights of the rural land in the reform.

—Administrative trials and state compensation. The courts at all levels tried and closed 225,000 administrative cases of first instances, 13.2% more than in the previous year. The Supreme People's Court strengthened the construction of the trans-regional courts in Beijing and Shanghai and promoted concentrated jurisdiction over administrative cases in alien places. It encouraged responsible persons of administrative organs to appear in court sessions in response. The courts at all levels tried and closed 5, 812 state compensation cases.

—Execution work. The courts at all levels accepted 6.149 million execution cases and concluded 5.079 million execution cases in 2016, 31.6% and 33.1% respectively more than in the previous year, with the amount of the subject totaling 1,500 billion yuan, 54% more than in the previous year. The Supreme People's Court joined with the

Ministry of Public Security, the State Administration of Industry and Commerce, the People's Bank of China, the Securities Regulatory Commission in establishing the check and control network system to solve the problem of difficulty in execution. The courts promoted the online judicial auction and held more than 430,000 auctions with the amount of transactions coming to more than 270 billion yuan. It initiated the construction of "Honest China" and united with the State Reform and Development Commission and more than 40 other central departments in signing a cooperation memorandum of understanding on punishment to create an honesty and punishment situation in which "dishonesty once leads to restriction everywhere". The courts published a total of 6.89 million pieces of information on dishonest persons subject to punishment and adopted disciplinary measures for 8.57 million men times. The courts sentenced 16,000 persons to judicial detention, and investigated the criminal responsibilities of 2,167 persons for refusing to execute judgements.

—Registration for letters and visits and supervision over trials. The courts at all levels tried and closed 179,702 cases for appeals and applications for retrials, and brought 33,890 retrial cases according to law in 2016. They strengthened supervision over trials, and changed verdicts for 11,055 cases from among the retried cases closed in 2016 for errors in original judgements or for other reasons, accounting for 0.09% of the effective judgements. The courts at all levels accelerated the construction of litigation service centres, and made full use of the litigation service networks, APP, and the 12368 hotline to provide omnidirectional and three-dimensional litigation service to the parties. The Supreme People's Court explored to establish electronic courts and online tribunals and other intelligent service platforms, streamlined the filing procedures. It introduced online filing and circuit filing, and the on-line filing percentage of the courts throughout the country exceeded 95%. They strengthened the work of online appeals and video receptions.

(2) Prosecution

—Performing the functions of approving arrests and prosecution. The procuratorial organs throughout the country approved the arrest of 828,618 criminal suspects of all categories and prosecuted 1,402,463 persons. They firmly safeguarded state security and deepened the struggle against secession, infiltration, subversion and cult. They severely punished serious criminal offences and cracked down on the crimes of organizing and leading terrorist organizations and spread audio-video of violence and terror, prosecuted 65, 076 persons for the serious crimes of intentional homicide, rape, and arson, prosecuted 1, 106 persons for the crime of organizing Mafia-type groups, and prosecuted 399, 708 persons for the crimes of robbery, seizure and theft. They severely punished television and cyber fraud crimes, and cooperated with the Ministry of Public Security in supervising the handling of 62 major cases, including the Xu Yuyu case and approved the arrest of 19, 345 criminal suspects for telecommunication and cyber frauds. They earnestly safeguarded security in school camps and joined with the Ministry of Education in issuing the Guiding Opinions on Preventing Primary and Secondary Children from being bullied and attacked by violence, and prosecuted 4, 604 persons for using serious violence in schools and prosecuted 678 persons for instigating and inducing school children to commit crimes. They punished the crimes committed in hospitals, and launched special actions with the Ministry of Public Security and the State Public Health and Family Planning Commission to prosecute 3, 308 persons for injuring doctors and other hospital staff and stirring up troubles in hospitals, and exercised supervision on handling 30 major cases related to hospital. They severely punished the crime of endangering the safety of foods and drugs, and suggested the transfer of 1, 591 suspected criminal cases from the food and drug administrations, and prosecuted 11, 958 persons for endangering the safety of foods and drugs. They protected the legitimate rights and interests of minors, women, aged persons and disabled people, and prosecuted 16, 078 persons for sexually assaulting and kidnapping minors, and prosecuted 2, 663 for infringing on the legitimate rights and interests of persons in rural areas and 24, 061 persons for infringing the personal rights and interests of women, and 34, 709 persons for infringing on the legitimate rights and interests of the elderly, and prosecuted 4, 750 persons for infringing on the legitimate rights and interests of the disabled. They deepened the comprehensive control and improvement of the social order on the part of the procuratorial work, and prosecuted 210, 325 persons for pornography, gambling and drug-related crimes, 1, 405 persons for the crimes of maltreatment, abandonment and bigamy and 5, 134 persons for the crimes of family violence. They resolutely combated ill-intentional back pay and prosecuted 2, 135 persons for refusing to pay labor remunerations.

—Guaranteeing the steady and healthy development of

the economy. They positively served the implementation of the major state strategy and strengthened judicial cooperation with countries and regions along One Belt and One Road and gave prominence to the punishment and prevention of crimes that occurred in the fields of infrastructure facilities and the construction of economic and trade cooperative industrial zones. The procuratorial organs made efforts to prevent financial risks, prominently punished the economic crimes of raising funds from residents illegally and Internet financial crimes, and prosecuted 16,406 persons for fund raising frauds. They strengthened the judicial protection of property rights and persisted in provide equal protection and formulated the Eighteen Opinions to guarantee and promote the development of the nonpublic economy and the Twenty-two Opinions to strengthen the judicial protection of property rights, and prosecuted 13,629 persons for infringing on the legitimate rights and interests of the nonpublic businesses and persons operating nonpublic economy. They filed cases for the investigation of 1,009 criminal cases of infringing on the legitimate rights and interests of nonpublic businesses. The Supreme People's Procuratorate formulated the Fifteen Opinions to guarantee scientific and technological innovations and prosecuted 21,505 persons to punish the crimes of infringing on intellectual property rights. They punished the crime of endangering work safety and prosecuted 2, 635 persons for major responsibility accidents and investigated the responsibility of 814 officials for the crime of malfeasance that caused the accidents.

—Investigating and preventing duty crimes. The procuratorial organs filed cases for the investigation of the duty crimes of 47, 650 persons, including 2, 882 former officials at the county level, and 446 officials at the departmental or bureau level. They investigated and handled 17, 410 "fly grafters" in the fields of the livelihood of the people, including land requisition for demolition and resettlements, social security and funds for agriculture, the rural areas and peasants. They investigated and handled 10, 472 persons for the crime of accepting bribes and 7, 375 persons for giving bribes. They investigated and handled 11, 916 persons for the crimes of malfeasance and tort through dereliction of duty and abuse of power. They investigated and handled the duty crimes related to cheating in the elections in Liaoning Province. They made intensive investigations of the crime of corruption behind judicial injustice and handled 8, 703 administrative law enforcers and 2, 183 judicial officials suspected of committing duty crimes. They cracked down on the duty crimes in the field of poverty alleviation and investigated 1, 892 persons for duty crimes. They strengthened the work of preventing duty crimes at sources. The Supreme People's Procuratorate cooperated with the China Postal Group Corporation to popularize the experience of Jiangsu Province "the Postal Road for Preventing Duty Crimes". The procuratorial organs throughout the country put forward 11, 172 procuratorial suggestions in the light of the outstanding problems found in handling cases. The Supreme People's Procuratorate relied on the people to investigate and handle duty crimes, aroused and encouraged the initiative of individuals and units to make real-name reports, and joined with the Ministry of Public Security and the Ministry of Finance in issuing Some Provisions on Protecting and Encouraging People to Report Duty Crimes.

—Strengthening supervision over judicial activities. They strengthened legal supervision over litigious activities and urged investigative organs to file 14, 650 cases, arrested and prosecuted 43, 960 persons additionally, and supervised the correction of 34, 230 law violations in obtaining evidences, applying compulsory measures and extorting confessions by torture. They protested against 3, 282 effective civil and administrative judgements and mediation papers with real mistakes and put forward 2, 851 suggestions for retrials, and made 13, 254 procuratorial suggestions against law violations in civil and administrative trial procedures and 20, 505 procuratorial suggestions for civil executions. They upheld the principles of prescribed punishment for specified crimes and innocence in doubtful cases, and made efforts to improve the long-term mechanisms for reporting the discovery of framed-up and wrong cases, examination guidance, supervision over corrections and accountability for compensations. They made concentrated efforts to clean up real sentences that were not executed, found 11, 379 such sentenced persons, supervised the correction for 6, 381 of them and 5, 062 persons were put into prison again. They verified all cases related to the property penalty sentenced by people's courts since 2013, and supervised the execution of the sentences that were not yet executed or that were not yet finished, put forward 3, 172 written correction opinions and 11, 897 procuratorial suggestions. They continued to supervise the correction of the cases that had been held without decisions for a long time, and finished the correction of all cases involving 4, 459 persons held without conclusion for three or more years found in 2013. They strengthened the examination of the necessity of detention and put forward suggestions for release or change of compulsory measures for 42,159 persons. They continued to supervise the correction of illegal commutation, parole and temporary service outside prison, and supervised the correction of improper requests for 23,831 persons and the correction of improper rulings or decisions for 3,703 persons. They urged the correction of escapes from control for 8,477 persons. They strengthened supervision over false civil lawsuits, put forward opinions on supervision for 2,017 "false lawsuits" in private lending and enterprise bankruptcy, and filed cases for the investigation of 146 cases of duty crimes involved in the false lawsuits.

(3) Judicial Interpretations and Guiding Cases

The Supreme People's Court and the Supreme People's Procuratorate jointly issued three judicial interpretations in 2016. The Supreme People's Court issued 26 judicial interpretations separately, including seven criminal judicial interpretations, eleven civil judicial interpretations, one administrative judicial interpretation and ten other judicial interpretations, and issued 21 guiding cases. The judicial interpretations and guiding cases played a positive role in the correct implementation of the laws.

—Giving guidance to handling major and complicated

issues in the work of criminal justice. The Supreme People's Court issued the Interpretation concerning Some Issues on the Application of the Law to Hearing Drug Criminal Cases in April to punish drug crimes according to law. It and the Supreme People's Procuratorate jointly issued the Interpretation concerning Some Issues on the Application of the Law to Handling Criminal Cases of Corruption and Bribery in April to punish the crime of corruption and bribery. The Supreme People's Court and the Supreme People's Procuratorate jointly issued the Interpretation concerning Some Issues on the Application of the Law to Handling Criminal Cases of Illegal Mining and Destructive Mining in November to punish illegal mining and destructive mining. The Supreme People's Court issued the Interpretation of the Supreme People's Court concerning Some Issues on the Specific Application of the Law to Hearing Criminal Cases of Practicing Medicine Illegally in December to punish practicing medicine illegally and guarantee the health and life of citizens. It issued the Interpretation concerning Some Issues on the Concrete Application of the Law to Hearing Criminal Cases of Kidnapping and Selling Women and Children to punish the crime of kidnapping and selling women and children and guarantee the legitimate rights and interests of women and children. It and the Supreme People's Procuratorate jointly issued the Interpretation concerning Some Issues on the Application of the Law to Handling Criminal Cases of Environmental Pollution to punish the crime of environmental pollution.

—Giving guidance to handling the new circumstances and new issues properly in the fields of economic and social development and the livelihood of the people. The Supreme People's Court issued the Interpretation concerning Some Issues on the Application of the Property Law of the People's Republic of China (1) in February to guarantee the property rights and the security and efficiency of the market transactions. The Supreme People's Court issued the Interpretation concerning Some Issues on the Application of the Law to Hearing Cases of Consumer Civil Public Interest Litigation in April. It contains provisions on the application of the law to hearing cases of consumer civil public interest litigation and the protection of legitimate rights and interests of consumers to the maxim. The Supreme People's Court issued the Written Reply on the Issue of the Relevant Procedure for the Cases of Personal Safety Protection Order in July to provide protection to the victims of family violence. The Supreme People's Court issued the Provisions concerning

Some Issues on Hearing Cases of Disputes over Independent Letter of Guarantee in November to guide the courts at all levels to correctly hear cases of disputes over independent letter of guarantee and safeguard the legitimate rights and interests of the parties.

—Giving guidance to the new circumstances and new issues in the fields of administrative litigation and state compensation. The Supreme People's Court issued the Interpretation concerning Some Issues on the Application of the Law to Hearing Cases of Judicial Compensations in Civil and Administrative Law Suits in September to uniform the discretionary standards for compensation cases of noncriminal judicature.

(4) **Public Security**

—Safeguarding social order and stability. The Ministry of Public Security carried out an intensive special action to combat violence and terror, and deepened the struggle against Mafia-type organizations, kidnapping, holding illegal arms, robbery, seizure and frauds, pornography, gambling, narcotics, inferior-quality foods and drugs and environmental pollution, infringements on the personal information of citizens, telecommunication and cyber crimes and financial and securities frauds, accelerated the improvement of the prevention and control system for social security to maintain social order and stability. The Ministry promoted the work of "Internet + public security administrative service", and used big data technology and modern technological means to promote intelligent social governance and raise the efficiency of preventing and combating law violations and crimes. It strengthened fire prevention, road traffic control and the security of places under surveillance. No extremely big fire accident occurred in 2016, and there was no big accident that killed more than 10 persons. The number of fire accidents, road traffic accidents and liability accidents at places under surveillance hit the new low in recent years. The percentage of people with the sense of security always surpassed 90%.

—Pushing forward the reform of the public security work. It promoted the reform of the household registration system and comprehensively implemented the residence card system to encourage rural migrants with the ability to live and work in cities to settle with families in cities. The ministry joined with the relevant departments in issuing the Opinions on Improving and Standardizing the Work of Police Offices in Issuing Certificates to effectively solve the problem of "weird certification". It further standardized the use and management of identity cards to promote the real-name system and the construction of the social honesty system and improve the standard of the management and service of the window units. New achievements were made in streamlining administration, delegating more powers, improving regulation, and providing better services after adopting 28 measures to help people start businesses and making innovations and promoting the reforms of the system of training motor vehicle drivers through examination, the vehicle inspection system, the permanent residence system for aliens and submitting applications for certificates in alien places. The Ministry deepened the reform of the mechanism for the exercise of law enforcement power, implemented the opinions on the reform of the systems for accepting and filing cases, the systems for the assessment of the quality of law enforcement and accountability for errors in law enforcement, introduced experiments on the reform of the mechanism for centralized examination and verification and centralized transfer of criminal cases by legislative affairs departments. They further standardized the work procedure for the acceptance by public security organs of cases of suspected criminals transferred by administrative law enforcement organs. They deepened the reform of the enrolment and training of people's police and the education in police schools and colleges and standardized the management of auxiliary personnel for police affairs.

—Deepening the standardization of law enforcement. The Ministry of Public Security implemented the Opinions of the General Office of the Central Committee of the Communist Party of China and the General Office of the State Council on Deepening the Normalization of Law Enforcement by Public Security Organs, and adopted a number of systems for audio and video recordings of on-site law enforcement by public security organs and discretionary datum for public security administrative punishment, revised detailed rules for law enforcement by public security organs, and further detailed and clarified the standards for law enforcement and standardized behaviors of law enforcement. It promoted the standard transformation of places and premises for handling cases, explored the establishment of the mechanism for handling cases at one stop with cooperation among different police forces. The public security organs throughout the country basically completed the transformation of their standardized case handling zones and established more than 3, 500 case handling centres. The public security organs at all levels strictly met the requirements for taking criminal suspects directly to the case-handling zones, giving them personal security checks, keeping watch on them and put them under video surveillance and recording to guarantee security for law enforcement and improve quality and efficiency. The ministry organized a new round of selection of model law enforcement units and named ten city and prefectural public security organs, 100 county public security organs and 200 grassroots police offices as national law enforcement model units. Public security organs at all levels continued to organize concentrated training, actual combat exercises and case assessments. The ministry organized two national video demonstrations on standard law enforcement for public security organs throughout the country, and trained civil police more than one million men times in 2016. It deepened the classified examinations for law enforcement qualifications. By the end of 2016, 2.087 million civil police acquired basic level law enforcement qualifications, 1.115 million civil police acquired middle class law enforcement qualifications and 40,500 civil police acquired high level law enforcement qualifications. In the light of the outstanding problems to which residents expressed strong complaints, the ministry united with the relevant departments in making special investigations on guaranteeing the right of lawyers to practice according to law and the application of arrest and online inspections of law enforcements.

(5) Judicial Administration

—Prison work. By the end of 2016, there were 680 prisons in China, and they detained 1.56 million prisoners. They strengthened the internal management and implemented the security and stability work system. They reported no major cases, no major work safety accidents and no major epidemics. They strengthened the work of education and remolding for prisoners, and the rate of acceptance for entry examination was 99.51%, and the psychological health and education popularization rate was 99.08%, and the composite assessment rate for the release of prisoners was 98.4%. They strictly standardized the execution work for commutation, parole and temporary sentence service outside prison. The Ministry issued the Provisions on the Procedure for Handling Temporary Sentence Service outside Prison and other systems, and further enforced the prison sentence execution system more rigorously.

—Drug rehabilitation work of judicial administrative organs. By the end of 2016, the drug rehabilitation houses of judicial administrative organs throughout the country accepted more than 250, 000 drug addicts. They earnestly strengthened the work of medical service for drug rehabilitation, education and correction, and physical, mental and labor rehabilitation training for drug addicts. At present, there are 343 medical institutions. All drug addicts received legal and moral education and anti-drug education, 87.2% of them received professional and technical training and 95.5% of them accepted psychological consultation. The houses strengthened security and sanitation work, and they reported no drugs, no work and epidemic accidents.

—Community correction, and the work of resettlement, helping and education. The country accepted a total of 486, 000 community correction targets in communities and released 498, 000 community correction targets in 2016. By the end of the year, the country established a total of 9, 353 community correction education bases, 25, 204 community service bases, 8, 216 employment bases. The bureaus of justice of 98% of the prefectures and counties have set up community correction work agencies. The country had more than 83, 000 social workers and more than 690, 000 social volunteers engaged in community correction, and established 1, 560 county (district) community correction centres. The settlement, helping and education institutions at all levels accepted 582, 000 released persons, installed more than 546, 000 persons, and helped and educated more than 570, 000 persons. By the end of 2016, the country established 273 transitional settlement bases, mainly with government funds, and 10, 326 bases set up by relying on the enterprises.

—The work of legal service and legal assistance. By the end of 2016, China had more than 328, 000 practicing lawyers, and 26, 000 law firms. The lawyers throughout the country handled a total of 3, 540, 000 lawsuits of all categories, and more than 840, 000 non-contentious legal affairs. Seven hundred and ten notaries were newly appointed in 2016 and 124 notaries were dismissed. By the end of the year, there were a total of 13, 000 notaries in China. The Chinese notary organizations handled a total of 13, 990, 000 notary documents. The country handled more than 1, 300, 000 cases of legal assistance, and provided legal consulting service 8, 020, 000 men times in 2015.

—People's mediation. By the end of 2016, China had 784, 000 people's mediation organizations and 3, 852, 000 people's mediators. They made investigations of contradictions and disputes more than 3, 014, 000 times, and mediated 9, 019, 000 disputes of all kinds, the success rate of mediation was 97. 5% . Among them, China had set up 45, 000 industrial and specialized people's mediation organizations with 87,000 people's mediators, and resolved 1.402 million industrial and specialized disputes.

—National judicial examination and judicial evaluation. More than 438,000 people took part in the national judicial examination in 2016, and more than 6,000 forensic clinical evaluators took part in the training examination. Judicial evaluation managerial personnel and judicial evaluators from China's 31 provinces, autonomous regions and municipalities completed their training in different forms. The Evaluation Group of Judicial Appraisal for National Certification joined with the Certification and Accreditation Administration of the People's Republic of China and the China National Accreditation Service for Conformity Assessment trained 50 new evaluators for accreditation and assessment. It carried out activities of verification of the ability of judicial appraisal institutions, and 2,051 appraisal institutions from 31 provinces, autonomous regions and municipalities took part in the verification of ability for 6,060 items, and 87% of them passed the verification. By the end of 2016, 1,772 judicial appraisal institutions and 22,601 appraisers were examined and registered by judicial administrative organs. They finished a total of 505,200 appraisal businesses.

Ⅳ. Reform of the Judicial System

China promoted the reform of the judicial system, further improved the main framework of the reform, improved judicial credibility and increased the sense of gain of the people to promote the implementation of the major decisions made by the central leadership.

(1) Establish the Main Framework for the Reform

The main framework of the general reform was basically established. They are the reform of the mechanism for the exercise of the judicial power with the judicial responsibility system as the core, the reform of the judicial management system with the classified management of the judicial personnel as the symbol, the reform of the judiciary with adjudication as the centre and leniency for pleading guilty and judicial transparency as the crucial points and the reform of the system of filing cases for registration and the system of applying for resident identity cards in alien places.

—The supplementary policies for the reform of the

judicial responsibility system are adopted. One, in implementing the judicial responsibility system, it issued the Plan for Experiments on the Reform of the Internal Organizational Structure of People's Courts at and under the Provincial Level, and the Opinions on the Establishment of a Disciplinary System for Judges and Procurators. Two, in improving the job security system, it issued the Plan for Experiments on the Reform of the Ranking Order for Judge Assistants, Procurator Assistants and Clerks, the Provisions on Protection for Judicial Personnel in Performing Legal Duties according to Law and the Measures for the Implementation of the Plan for Experiments on the Reform of the Wage System for Judges and Procurators. Three, in improving the system of classified personnel management, it issued the Opinions on the Establishment of the System for the Selection of Judges and Procurators Level by Level and the Opinions on the Open Selection of Legislative Workers, Judges and Procurators from among Lawyers and Law Specialists to broaden the channels for the selection of judicial personnel and standardize the selection mechanism.

—The main framework for the reform of the Judiciary was basically established. One, it issued the Opinions on Promoting the Reform of the Criminal Procedure System with adjudication as the centre, to collect, fix, preserve, examine and use evidences strictly according to law and give play to the substantive role of court sessions in finding out facts, ascertaining evidences, guaranteeing the right of action and applying the law to use systems to prevent the occurrence of framed-up and wrong cases. Two, as authorized by the NPC Standing Committee, it made experiments on the reform of the system of applying leniency for pleading guilty in criminal cases to apply leniency in substance to criminal suspects and defendants who plead guilty voluntarily to simplify the procedure, improve judicial efficiency and reduce social resistance. Three, it improves the mechanism for the exercise of power, supervision and restriction, issued the Opinions on Deepening the Standardization of Law Enforcement by Public Security Organs, the Opinions on the Establishment of the Mechanism for Connection between the Management and Use of Judicial Appraisal and the Plan for the Establishment of a Trans-departmental Platform for Information on the Concentrated Management of Property Involved in Local Cases to standardize law enforcement behaviors of public security organs and standardize the entrustment and acceptance of judicial appraisal, make arrangements for appraisers to appear in court as witnesses, and strengthen management of the property involved in cases. Four, Deepen the reform of the lawyer system. It issued the Opinions on Deepening the Reform of the Lawyer System, the Measures for the Management of the Practicing of Lawyers, the Measures for the Management of Law Firms and the Opinions on Further Strengthening the Building of Lawyers' Associations. While guaranteeing the right of lawyers to practice, it drew the "red line" for the behaviors of lawyers and strengthened the self-discipline of the lawyers' trade. Five, it deepened judicial transparence, formulated the provisions on publishing judgements on the Internet and the operating process for online live broadcasts of court sessions, and established the system of audio-video recording of interrogations and recording of whole processes of law enforcements. It promoted the reform of the people's supervisor system, and broadened the channel for the orderly participation of ordinary people in the administration of justice. Six, it promoted the separation of simple cases from complex cases and the use of mediation with litigation in the resolution of disputes, issued the Some Opinions of the Supreme People's Court on Further Promoting the Separation of Simple Cases from Complex Cases to Optimize the Allocation of Judicial Resources to deepen the separation of the simple from the complex in the procedures, judgements and general affairs to improve the efficiency of litigation.

—Improve the reform measures to make it easier for people to file law suits. The Supreme People's Court established four more circuit courts in Nanjing, Zhengzhou, Chongqing and Xian in 2016 to complete the general geographic distribution of circuit courts and make it easier for people to file law suits. The Supreme People's Court issued the Opinions on Further Deepening the Reform of the Diversified Dispute Resolution Mechanism in People's Courts, and the Provisions on Specially Invited Mediation of People's Courts, and the judicial administrative organ issued the Opinions on the Development of Foreign-related Legal Service Industry, the Measures for Promoting the Work of Providing Legal Assistance to Servicemen and Their Families, the Opinions on the Participation of Social Groups in the Work of Helping and Educating Persons Released after Serving Sentences, the Opinions on Further Strengthening the Work of Community Correction and the Guiding Opinions on Promoting the Work of Industrial and Specialized People's Mediation to provide more efficient and easer dispute resolutions.

(2) Reforms Take Roots Gradually

—Grasp the crucial matters to solidify the foundation for the reform. The Ministry of Justice started experiments on the reform of the judicial responsibility system at the beginning of 2016. It held a national meeting to promote the reform of the judicial system, further improved the system for the specified number of personnel, ascertainment of judicial responsibility, job security for judicial personnel and the centralized management of the personnel, funds and property of the local courts and procuratorates at and below the provincial level. By the end of 2016, all courts and procuratorates started experiments on the reform of the judicial responsibility system.

—Uphold the scientific orientation to ensure the quality of the reforms. One, it promoted the reform of the system for the specified number of personnel to raise the standards of specialization and professionalism. It guided local departments of justice to give prominence to the achievements and ability in handling cases and started the scientific and fair selection of personnel and established the system of removal of disqualified personnel. Two, it ascertained the judicial responsibility system for the purpose of improving the quality and efficiency of handling cases, established power lists, organized case handling teams in a scientific way and used systems and mechanisms, modern technology and case guidance to promote the change of the management and supervision from examination and approval for individual cases and signing of documents to supervision on the quality and efficiency of the whole staff and whole process in handling cases to ensure the implementation of the judicial responsibility system under which the judges hand down verdicts and the collegiate bench is responsible for carrying them out.

—Lay stress on overall planning to strengthen system integration. One, in the course of promoting the reform of the judicial responsibility system, it promoted the reform of the internal organizational structure to solve the problems of "more officers than men" and the overlapping of functions of courts and procuratorates at the basic level and integrate the resources of the judicial forces to encourage the top-notch professionals at the middle level to return to the frontline to handle cases after they were included in the specified number of personnel. Two, it promoted the reform of the criminal procedure system with adjudication as the centre and the reform of the procedure system with leniency for pleading guilty, promoted the separation of simple cases from complex cases, improved the multi-layer procedure system of small claim procedure, quick judgement procedure, summary procedure and general procedure in an effort to achieve the diversity and exquisiteness of the procedure and make the best possible use of the integral efficacy of the reform. Three, while promoting the reform of the criminal procedure system with adjudication as the centre, it explored to make experiments on the reform of the policy of giving leniency for pleading guilty to achieve the unity of fairness and efficiency and the unity of combating crimes and protecting human rights on a still higher level.

—Strengthen supervision and inspection to promote reforms to taker roots. One, it made special supervision. The Central Reform Office exercised supervision over the reform of the judicial system in Hubei and Anhui in 2016. The Central Committee of Political and Legislative Affairs, together with the Supreme People's Court and the Supreme People's Procuratorate, exercised two rounds of supervision in Jilin, Chongqing, Hebei, Shandong and six other provinces and autonomous regions. Moreover, the Supreme People's Court exercised supervision over the reform of the judicial responsibility system and supplementary reforms in 28 provinces, autonomous regions and municipalities, including

Beijing, Shanghai, Henan and Shanxi. In the light of the problems found in the supervision, the Supreme People's Court held a national conference in Kunming to promote the supervision over the reform of the judicial responsibility system of the courts throughout the country, heard reports on the relevant problems, and required all courts to find and correct their own problems. The relevant central departments sent people to make inspection of the reforms of the judicial responsibility system, the system of petition-related letters and visits and the measures to prevent leading cadres from intervention in judicial activities, exercised supervision, discovered problems, summed up experience and improved the policies. Two, it made the third party evaluation. The China Law Society and the China University of Political Science and Law made the third party evaluation of the reform of the judicial system and an objective evaluation of the progress and achievements to look for problems and put forward counter proposals.

(3) Achievements in the Reforms Were Gradually Revealed

—The standards of specialization and professionalism of the judicial personnel were notably raised. After the classified management of the personnel was adopted, the problem of the nonconformity of the mode of personnel management in the courts and procuratorates with the characteristics of the judicial profession and the problem of many chief judges and procurators being assigned administrative posts instead of doing their professional jobs were fundamentally solved, the personnel structure of the courts and procuratorates and the allocation of the judicial human resources were further optimized. As a result, about 20% more personnel were assigned to their original professional jobs and more than 85% of the judicial human resources were allocated to handle cases.

—The judicial management system and the mechanism for the exercise of judicial power that conformed to the judicial rules were further improved, and the quality and efficiency of handling cases were notably improved. The subject position of judges and procurators in handling cases was further established. Judges and collegiate benches directly handled more than 98% of the cases and procurators examined and decided more than 90% of the prosecuted cases. The courts throughout the country tried and closed 19.795 million cases in 2016, 18.33% more than in the previous year, and 87.2% of the judgements of first instance were obeyed without appeals.

Ⅴ. Legal Guarantee for Human Rights

China continued to give more legal guarantee for human rights, the living standards and quality of the people's life were further improved, their economic, social and cultural rights were effectively strengthened and their citizen rights and political rights were firmly guaranteed. The socialist cause of human rights with Chinese characteristics rose to a new height.

(1) The right to life and health was safeguarded

—Formulating the Programme for Healthy China 2030. The programme makes it clear that the good health of the whole people is the fundamental aim of building healthy China. It must focus the work on the whole population and the life cycle, provide fair, systematic and continuous service for health, do a good job of the health work for women, children, elderly, disabled persons and low income earners, strengthen effective intervention in the main health problems in the different periods of the life and the main affecting effects to benefit the whole population over the whole life cycle to achieve the good health of the whole people at a still higher standard. The programme centers on the factors affecting health (including biological factors of heredity and psychology, natural and social factors, medical and health service factors and the factors of life and behaviors), and outlines the five strategic tasks of popularizing the healthy life, optimizing the health service, improving the health security, constructing a health environment and developing the health industry, and the goals of "three steps for Healthy China: the main health standard for 2020 is targeted at that in the frontline of middle and high income countries", "the main health target for 2030 is aimed at that in high income countries", and "by 2050, Healthy China will be built to comply with the standard of a modern socialist country".

—Deepening the reform of the medical and public health system. The State Council issued the Opinions on Integrating the Basic Medical Insurance System for Urban and Rural Residents in January. It made clear that the basic medical insurance system for urban residents and the new type rural cooperative medical system would be integrated to establish a unified basic medical insurance system for urban and rural residents. The State Public Health and Family Planning

Commission, the State Council Office of Poverty Alleviation and thirteen other central departments jointly issued the Guiding Opinions on Implementing the Health and Poverty Alleviation Project in June to strengthen the work of health and poverty alleviation. It says that every person in the poor areas will enjoy the basic medical and health service by 2020. The General Office of the State Council issued the Guiding Opinions on Promoting and Standardizing the Application and Development of the Big Data for Public Health and Medical Service in June, and made arrangements for 14 major tasks and major projects to solidify the application foundation, comprehensively deepen application, standardize and promote the "Internet + Medical Service for Health". The State Development and Reform Commission, the State Public Health and Family Planning Commission, the Ministry of Human Resources and Social Security and the Ministry of Finance jointly issued the Circular on the Distribution of the Opinions on Promoting the Reform of the Prices of Medical Services in July to promote the classified management of the prices of medical services, making clear that public medical institutions shall mark the mandatory prices for the basic medical services they provide. The Leading Group of the State Council for Deepening the Reform of the

Medical Service and Health System issued the Some Opinions on Further Popularizing the Experience in Deepening the Reform of the Medical Service and Health System in November, putting forward the measures to promote the development of the medical reform in eight aspects of establishing the joint work mechanism for medical service, medical insurance and medicine, improving the new mechanism for the operation of public hospitals, strengthening the external restraint on the medical service, establishing the modern hospital management system, accelerating the establishment of the classified consultation system and making full use of Internet technologies.

—Strengthening supervision over food safety. The State Food and Drug Administration published the spot check of the food safety under supervision in 2015 in February. Among the 172, 310 food samples checked throughout the country, there were 5, 541 samples not up to the standard. The standard rate was 96. 8%. As a whole, the food safety situation was stable while tending to be better. The General Office of the State Council issued the Major Arrangements for the Food Safety Work for 2016 in May. It improved the mandatory standards, required strict prevention of inferior-quality materials from sources, strict supervision and control over the production process and severe punishment for law violations to accelerate the improvement of the unified and authoritative supervision and control system.

(2) Household Registration and the Reform of Household Registration System

—The General Office of the State Council issued the Opinions concerning the Issue of Solving the Problem of Household Registration for Persons without Registered Residence in January. It required local governments to further improve the household registration policy, prohibited the establishment of any preconditions that did not conform to the provisions on household registration, strengthen the management on household registration and earnestly guarantee that every citizen has one permanent residence and make efforts to reach the targets of the accuracy, uniqueness and authority of the identity number of the households and citizens of the whole country. The Opinions prescribed the measures for the household registration of persons without registered residence who do not conform to the family planning policy, persons without registered residence who do not have medical birth certificates, adopted persons without registered residence who have not gone through the formalities for adoption and other persons without registered residence.

—By September, 2016, the 31 provinces, autonomous regions and municipalities throughout the country had all issued plans for the reform of the household registration system in accordance with the Opinions of the State Council on Further Promoting the Reform of the Household Registration System, and all cancelled rural household residence. The dual urban and rural household residence system became part of the history. The General Office of the State Council issued the Plan for the Settlement of 100 Million Residents without Registered Residence in the Cities, and planned to accelerate the removal of the barrier for the transfer of the household registration in the areas adjoining cities and the countryside during the Thirteen Five-Year Plan period and further improve the supplementary policies, raising the urbanization rate of the registered residence by an average annual rate of more than one percentage point, an average transfer of more than 13 million persons a year, and raising the national urbanization rate of the registered residence to 45% by 2020, and the difference between the urbanization rate of the registered residence and the urbanization rate of the permanent population in all regions will be reduced by more than two percentage points as compared with 2013.

(3) Establish and Improve the Social Security System

—The State Council issued the Opinions on Further Improving the System of Assisting and Providing for Extremely Poor Persons in February. It calls for the establishment of a national system, connected with policies and operated up to standard, of assisting and providing for extremely poor persons in compliance with the economic and social development level under an overall plan with due consideration for both urban and rural conditions, with the target of helping extremely poor persons in the cities and the countryside to help them overcome dire difficulties and meet their basic needs, by giving play to the role of social forces under the guidance of the government.

—The State Public Health and Family Planning Commission, the State Development and Reform Commission, the Ministry of Civil Affairs, the Ministry of Finance and three other central departments jointly issued the Circular on Doing a Good Job of the Critical Illness Insurance work for Urban and Rural Residents in 2016, requiring the local governments to raise more funds for critical illness insurance, and use one quarter of the newly-added government subsidy of 40 yuan per person for the basic medical insurance in 2016 for critical illness insurance, and encouraging local governments to find specific measures to tilt properly to the extremely poor persons, and adopt the tilting payment policy for poor people in the urban and rural areas, including the poor people on files, extremely poor persons and families enjoying the minimum guarantees for allowances.

—The General Office of the State Council retransmitted the Guiding Opinions on Ensuring the Effective Connection between the Rural Minimum Guaranteed Allowance System and the Poverty Alleviation Policy in September. It pointed out that it is essential to execute the basic plan for the targeted measures to alleviate poverty in the light of local conditions. By connecting the rural minimum guaranteed allowance system with the poverty alleviation policy effectively, the local governments shall make concerted efforts to alleviate poverty and provide policy guarantee for rural poor population who conform to the minimum guaranteed allowance criteria and ensure that by 2020, poverty would be alleviated for the whole rural poor population according to the current criteria prescribed for poverty alleviation.

(4) Guarantee the Right to Education

The State Council issued Some Opinions on Making Overall Planning for Promoting the Reform and Development of the Urban and Rural Compulsory Education in County Cities in July. It required the local governments to accelerate the narrowing of the difference between urban and rural education, promote educational fairness and make overall planning for promoting the integrated reform and development of the urban and rural compulsory education in county cities in accordance with the target of building a moderately prosperous society in an all-round way. The Opinions proposed the uniform criteria for the construction of schools for urban and rural compulsory education, uniform criteria for the specified number of teachers, uniform basic quotas for per student public expenses, uniform criteria for the allocation of basic equipment and the extension of the policy of gradually exempting extra fees and book expenses and providing boarding allowances to students from poor families to all county cities and villages of the country, and by the year of 2020, the barriers for the dual structure in the cities and the countryside would be eliminated in the main, compulsory education and the development of urbanization would be basically coordinated, geographical distribution of schools in cities and the countryside would be more rational, big classes were basically eliminated, notable progress be gained in the construction of standard schools, the allocation of teachers in cities and the countryside basically balanced, the treatment for rural teachers be steadily raised, the job attraction be increased, the quality of rural education obviously improved, the nine-year compulsory education be consolidated in 95% of the rural schools, the compulsory education in the county areas be developed harmoniously, and the balance of the basic public educational service be basically achieved.

(5) Guarantee for the Right of Children

—The State Council issued the Opinions on Strengthening the Work of Cherishing Love and Care for and Protecting Children Left Behind in Rural Areas in February. It pointed out that it is the important duty and responsibility of the governments at all levels and the common responsibility of families and the whole society to strengthen the work of cherishing love and care for and protecting children left behind in rural areas and safeguard the legitimate rights and interests of minors. It said that the point of departure and the goal of the work were to promote the healthy growth of minors. It would be necessary to improve the laws, regulations, systems and mechanisms, strengthen the subject responsibility of family guardianship, give more care and protection to children, gradually reduce the number of children left behind in rural areas and ensure the effective guarantee of their safety, good health, education and other rights and interests.

—The Ministry of Civil Affairs established a division for the protection of minors (left-behind children) in February. Its responsibility and duty were to establish and improve the work mechanism and service system for the protection of minors, make a comprehensive investigation to improve the management of information on left-behind children and catenate the superior resources of civil affairs of social assistance, social welfare, social groups, community construction and social work to establish the coordination mechanism of the leadership and the cooperation mechanism of the joint actions of different departments for the protection of minors to promote the orderly connection of family protection, school protection, social protection and judicial protection. The Ministry of Civil Affairs and 26 other central departments established an inter-departmental joint meeting system for the work of care and protection of left-behind children in the rural areas to coordinate the work of giving care and protection for children left behind in rural areas throughout the country.

—The State Council issued the Opinions on Strengthening the Work of Safeguarding Children in Difficulty in June. It strengthened the classified guarantee for children in difficulty and established and improved the work system of safeguarding children in difficulty in the light of the outstanding difficulties confronted by children in difficulty and the outstanding problems in the work of safeguarding children.

(6) Safeguarding the Right of Disabled People

—The State Council issued the Programme for Accelerating the Course of Promoting Moderately Prosperity for Disabled People under the Thirteenth Five-Year Plan in July. It required the local governments to formulate the local Thirteenth Five-Year Plans for the cause of disabled persons or accelerate the course of making disabled persons moderately well-off, and include the main tasks and indices in the local general plans for economic and social development. The work committees for disabled persons and other related departments of the local governments at all levels should supervise, monitor, inspect and follow up the implementation of the plans.

—The General Office of the State Council issued the Action Plan for the Prevention of Disability (2016 – 2020) in September. It says that it is necessary to effectively control disability caused by birth defects and developmental disorder, to prevent and control disability due to illness and effectively reduce disability from injuries to effectively reduce and control the occurrence and development of disability of the Chinese population in all periods of the growth from birth to aging in the next five years. It is necessary to strengthen supervision over work safety, road traffic safety control, supervision over the food and drug safety, environmental protection and pollution control, and strengthen the ability to prevent and reduce disasters so as to reduce disability from injuries. This is the first national class plan in the field of preventing of disability.

(7) Guarantee for Human rights in the Judicial Procedure

—Guarantee the right of the parties in law suits. The Supreme People's Procuratorate issued the Provisions on Cases Handled by People's Procuratorates for the Examination of the Necessity of Detention (for trial implementation) in January. It says that an arrested criminal suspect or defendant may apply to a procuratorate for the examination of the necessity of detention. If the procuratorate believes that detention is unnecessary after examination, it shall suggest that the case handling organ release the detained suspect or defendant or changes the compulsory measure. The Supreme People's Court issued the revised Court Rules of the People's Courts of the People's Republic of China in April. It made clear that the defendant or appellant in custody shall not wear the identification clothes of the supervision organ during the court session nor use fetters for the defendant or appellant under normal circumstances. The Supreme People's Court, the Supreme People's Procuratorate, the Ministry of Public Security, the Ministry of State Security, and the Ministry of Justice jointly issued the Opinions on Promoting the Reform of the Criminal Procedure System with Adjudication as the Centre. It explicitly stated that judicial organs shall improve the interrogation system, prevent extortion of a confession by torture, and not force anyone to establish one's guilt. It strictly requires the interrogation of a criminal suspect in a standard place for interrogation, the synchronous audio-video recordings throughout the entire process of interrogation strictly in accordance with the laws, and gradually making synchronous audio-video recordings throughout the process of interrogation in all cases.

—Improve the systems for judicial compensation and assistance. The Supreme People's Court and the Supreme People's Procuratorate issued the Interpretation concerning Some Issues on the Application of the Law to Handling Cases of Criminal Compensation. It defines the connotation of criminal compensation, clarifies the circumstances for the termination of the investigation of criminal responsibility, the circumstances for infringement on property right, acceptance of an overdue application for compensation under special circumstances, illegal criminal detention and the scope of retrial for innocence compensation, clarifies the application of the exception clause, clarifies the subject of legal relationship for compensation, reasonable determination of standards for compensation, standardizes the time basis for the calculation of compensation, and clarifies the validity of the compensation decision. The Supreme People's Court issued the Interpretation concerning Some Issues on the Application of the Law to Hearing Civil and Administrative Cases of Judicial Compensations in September. It included moral damage in the noncriminal judicial compensation sphere for the first time and improved the scope of application of moral damage for state compensation. The Supreme People's Procuratorate issued the

Detailed Rules for the Work of State Judicial Assistance (for trial implementation) in July. It clarifies that the state judicial assistance work is a supplementary relief measure taken by procuratorates for parties who could not receive valid compensation through procedures in the course of handling cases for criminal offences or civil infringements. It prescribes the seven types of specific circumstances under which the procuratorates should give assistance.

—Standardize police power. The Ministry of Public Security issued the revised Provisions on the Accountability for Errors in the Law Enforcements by People's Police of Public Security Organs. It says that a wrong case caused intentionally or by major negligence shall be investigated for the liability of the person responsible for the error in law enforcement, regardless of his/her organization, post, reassignment or retirement.

Ⅵ. Protection of Intellectual Property Rights

(1) Legislation for Intellectual Property Rights

Promoting the work of revising the Patent Law. The revised draft of the Patent Law was published to solicit opinions from the public. The State Intellectual Property Office improved the patent office regulations, prepared the revised draft of the Guide to Patent Examination, and published it to solicit opinions from the public. It promoted the revision of the Measures for the Administration of Patent Priority Examination and Some Provisions on Regulating Patent Application Activities, and formulated the Measures for Reducing Royalties.

It promoted the work of revising the Anti-Unfair Competition Law of the People's Republic of China, and published the revised draft of the law to solicit opinions from the public.

It promoted the third revision of the Copyright Law. It completed the drafting work for the revised Draft of the Copyright Law, formulated the Guide to the Management of the Authorized Software and the Interim Rules for the Registration of Copyrights for Military Computer Software.

(2) Registration for Examination and Approval for Intellectual Property Rights

—Patent. China accepted 3, 465, 000 patent applications in 2016, 23. 8% more than in the previous year. Among them, there were 1, 339, 000 applications for invention patents, 1, 476, 000 applications for utility models, and 650, 000 applications for appearance designs. In accordance with the Patent Cooperation Treaty (PCT), the State Intellectual Property Office accepted a total of 44, 992 international applications in 2016, 47. 3% more than in the previous year. It concluded the examination of 2, 310, 000 applications for patents, 11% more than in the previous year. Among them, there were 675, 000 invention patents.

The State Intellectual Property Office authorized a total of 404, 000 invention patents, 12. 5% more than in the previous year. It authorized 903, 000 utility model patents, 3. 1% more than in the previous year, and 446, 000 appearance design patents, 7. 6% less than in the previous year.

—Trade marks. The Intellectual Property Office accepted

3, 691, 000 applications for the registration of trademarks throughout the country in 2016, 28. 4% more than in the previous year. It completed the examination of the applications for the registration of 3, 111, 000 trademarks, 33% more than in the previous year.

China verified and approved the registration of a total of 389 collective trademarks and certification trademarks for geographical indications in 2016. It has verified and approved a total of 3, 373 collective trademarks and certification marks for geographical indications.

Domestic applicants applied for 3, 015 Madrid International trademarks in 2016, 29. 8% more than in the previous year, ranking fifth in the Madrid Union for the first time. Foreign applicants applied for the registration of 21, 238 trademarks in China through the Madrid Union, and continued to rank first in the union.

—Copyright. China registered a total of 2, 007, 600 copyrights in 2016, 22. 33% more than in the previous year. Among them, there were 1, 599, 600 written works, 18. 65% more than in the previous year, and 410, 000 computer software copyrights, 39. 48% more than in the previous year.

(3) Administrative Law Enforcement for Intellectual Property

—The law enforcement organs in charge of intellectual property handled a total of 48, 916 cases in 2016, 36. 5% more than in the previous year. Among them, the number of patent dispute cases surpassed 20, 000 cases to reach 20, 859 cases. They handled 13, 123 patent law enforcement cases in the electronic commerce sphere, 71. 4% more than in the previous year, and 2, 860 patent law enforcement cases in the exhibition sphere, 2. 4% more than in the previous year.

—Continuing to exert high pressure on the work of combating infringements on trade mark franchises. The administrative departments of industry and commerce and market regulation departments filed a total of 5, 710 cases of imitative products, and infringements on intellectual property rights in 2016, involving a value of 110 million yuan, and the fines and confiscation totaled 58, 270, 000 yuan. The national offices strengthened guidance to the local trademark administrative law enforcement work and continued to protect the Disney trademark franchise. They organized the 2016 special action to regulate the Internet market and inspected websites and online shops 1, 918, 000 times and ordered web sites to correct their illegal activities 19, 500 times and handled

13, 400 cases of cyber law violation.

—Combating all types of infringements and piracies. They investigated and handled 514 administrative cases in combating cyber literature tort and piracy, APP tort and piracy and the Web Advertising Union with administrative fines totaling 4, 670, 000 yuan, closed 290 webs, and transferred 33 criminal cases to judicial organs, involving 200 million yuan. The copyright law enforcement and regulation departments at all levels filed a total of 1, 033 cases, transferred 71 criminal cases to judicial organs for criminal liabilities, destroyed 181 piracy dens and disclosed information on 705 cases.

—Further promoting the work of producing genuine software, strengthening supervision over and inspection of genuine software production and making experiments on the application of domestic software. The Intellectual Property Office organized ten supervision and inspection teams to check 1, 316 computers of 32 central party and government organs, 60 provincial organs of ten provinces, autonomous regions and municipalities and 20 state-owned enterprises and 20 state-owned financial institutions to ensure the use of genuine software in the organs of the central party committee and government.

(4) Judicial Protection for Intellectual Property

The courts at all levels tried and closed 146, 664 intellectual property cases of first instance in 2016. Among them, there were 131, 813 intellectual property civil cases of first instance, 6, 250 administrative cases and 8, 601 criminal cases. One, the Supreme People's Court innovated the work mechanism to serve and safeguard the implementation of the innovation-driven development strategy, and made large efforts to promote the construction of the intellectual property courts in Beijing, Shanghai and Guangzhou, and made preparations for the establishment of special organs for the trial of intellectual property cases in Nanjing, Suzhou, Wuhan and Chengdu. Two, it gave full play to the leading role of the judicial protection for intellectual property. It issued the Opinions of the Supreme People's Court on Promoting the "Three-in-One" Trial of Civil, Administrative and Criminal Intellectual Property Cases in the Courts throughout the Country, and held the Work Symposium of the People's Courts on the Trial of Intellectual Property Cases and the national conference on promoting the "three-in-one" trial of intellectual property cases in courts. Three, it established the good image of the judicial protection of intellectual property in

China. It held the 2016 National Publicity Week on Intellectual Property, and issued the White Book on the Judicial Protection of Intellectual Property in Chinese Courts in 2015, and published typical cases on intellectual property in Chinese courts in 2015. It issued the Interpretation concerning Some Issues on the Application of the Law to Hearing Cases of Disputes over Infringements on Patent Rights (2). It formulated the Provisions of the Supreme People's Court concerning Some Issues on Hearing Administrative Cases on the Authorization and Confirmation of the Right to Trademarks, and the Programme for the Judicial Protection of Intellectual Property Rights in China (2016 – 2020).

Ⅶ. Promoting Progress in Ecological Environment Management

(1) Legislation for Ecological Civilization

—Issuing a batch of guiding documents. The Leading Group of the Central Committee of the Communist Party for Comprehensively Deepening the Reform adopted the Opinions on the Compensation Mechanism for Improving the Ecological Protection, the Guiding Opinions on the Establishment of the Green Financial System, the Measures for the Evaluation and Assessment of Targets for the Construction of Ecological Civilization, Some Opinions on Delimiting and Strictly Holding to the Red Line for Ecological Protection and the Measures for the Registration for the Uniform Confirmation of the Right to Natural Resources. The Ministry of Environmental Protection distributed the Guiding Opinions on Giving Positive Play to the Role of Environmental Protection to Promote the Supply-side Structural Reform in April. It required the provincial environmental protection departments to strengthen supervision over environments to promote the elimination of outdated producing capacity and slash excessive capacity. The State Development and Reform Commission and the Ministry of Environmental Protection issued the Opinions on Fostering Market Subjects for Environmental Control and Ecological Protection in September. It accelerated the fostering of market subjects for environmental control and ecological protection to promote the supply-side structural reform for environmental protection.

—Formulating, revising and annulling a batch of laws, local regulations and rules. The Nineteenth Session of the Standing Committee of the Twelfth National People's Congress adopted the Law on the Exploration and Development of Deep Seabed Resources in February. It made the norms for Chinese citizens, legal persons and other organizations to carry out activities of exploration and development of the resources in deep seabed areas. The Ministry of Environmental Protection issued the Measures for the Supervision and Management of the Safe Transportation of Radioactive Goods in March. The Twenty-first session of the Standing Committee of the Twelfth National People's Congress adopted the Decision on Revising Six Laws including the Energy Conservation Law of the People's Republic of China in July. The Ministry of Environmental

Protection issued the Decision on the Annulment of Part of the Rules and Normative Documents of the Environmental Protection Departments in July, and annulled ten departmental rules and 121 normative documents. The ministry issued the Measures for the Management of Records for Environmental Impact Registration Forms for Construction Projects in November.

Moreover, local governments also formulated and revised a batch of local regulations. For example, the Hupei Provincial Regulations on the Prevention and Control of Soil Pollution is China's first local statue concerning the prevention and control of soil pollution. Shanghai revised the Municipal Regulations on Environmental Protection, the Xinjiang Uighur Autonomous Region revised the Environmental Protection Regulations of the Xinjiang Uighur Autonomous Region, Tianjin City issued the Tianjin Municipal Regulations on the Prevention and Control of Water Pollution, and Jilin Province issued the Jilin Provincial Regulations on the Prevention and Control of Air Pollution.

—Concluding and participating international environmental treaties. The Twentieth Session of the Standing Committee of the Twelfth National People's Congress ratified the Minamata Convention on Mercury in April. The Twenty-first Session of the Standing Committee of the Twelfth National People's Congress ratified the newly added Hexabromocyclododecane Amendment to the Stockholm Convention on Persistent Organic Pollutants in July. China formally became a party to the Nagoya Protocol on Access to Genetic Resources and the Fair and Equitable Sharing of Benefits Arising from their Utilization to the Convention on Biological Diversity in September. This signified the entry of the Chinese biological industry in the time of sharing benefits and the oversight on the genetic resources under the rule of law. A Chinese government delegation attended the Twenty-eighth Conference of the States Party to the Montreal Protocol on Substances that Deplete the Ozone Layer, and played a positive role in reaching agreement to the amendment on controlled greenhouse gas of HFCs.

—Issuing a batch of technical norms for environmental resources. The Ministry of Environmental Protection published a total of 59 state norms for environmental protection in 2016. By the end of 2016, there were 1,732 effective norms for environmental protection. Moreover, the ministry also revised the Catalogue of Preferential Policies for Income Taxes from Special Equipment Enterprises for Environmental Protection, united with the Chinese Academy of Sciences in compiling and publishing the fourth list of invasive alien species of the Chinese natural ecologic system, united with the State Development and Reform Commission and the Ministry of Public Security in publishing the National Roster of Hazardous Wastes (2016 edition), and distributed the General Programme for Technical Guide to the Assessment of Ecological and Environmental Damages, and made experiments on the reform in Jilin and six other provinces and municipalities.

The Chinese Academy of Sciences and the Ministry of Environmental Protection published the 2016 Roster of Biological Species in China. The 2016 Roster collected 86, 575 known species, including 35, 905 species in the animal kingdom, 41, 940 species in the plant kingdom, 469 species in the bacteria kingdom, 2, 239 in the pigment kingdom, 3, 488 species in the fungi kingdom, 1, 729 species in Protozoa and 805 viruses.

(2) Law Enforcement for Ecological Civilization

—Formulating a number of plans for environmental resources. The Ministry of Environmental Protection issued the Regulations for the Management of the State Demonstration Zones for the Construction of Ecological Civilization and the

Norms for the Construction of Demonstration Counties and Cities for State Ecological Civilization. It stressed that it is necessary to further standardize the work of establishing demonstration zones for the construction of national ecological civilization, and promote the scientific, standard and systematic work of planning, reporting, technical evaluation, assessment for acceptance, notice and supervision and management. The ministry adopted the plan for the implementation of the plan for the construction of ecological environmental monitoring network (2016 – 2020) in February. It made clear that it would complete the task of taking back the monitoring power of the 1,436 state-controlled environmental air quality monitoring stations. The State Council printed and distributed the Action Plan for the Prevention and Control of Soil Pollution in May, and put forward the general periodic targets for the prevention and control of soil pollution by 2020, 2030 and 2050. The State Development and Reform Commission and the State Tourism jointly distributed the National Plan for the Development of Ecological Tourism (2016 – 2025). The State Council distributed the Plan for the Protection of Ecological Environments under the Thirteenth Five-Year Plan in December. It put forward the target for the general improvement of the quality of ecological environment by 2020, and decided to reach the restricted and expected norms of completing three campaigns, seven main tasks and safeguard measures in five aspects for the prevention and control of air pollution, water pollution and soil pollution by 2020 to fulfill the target of the general improvement of the quality of ecological environment.

—Deepening the reform of environment-related systems. The General Office of the State Council distributed the Plan for the Implementation of the Licensing System for the Controlled Discharge of Pollutants in November. It made clear that by 2020, it will complete the work of verifying and issuing licenses for the discharge of pollutants for all fixed pollutant sources, and establish the licensing system for the control of pollutant discharge to exercise control of pollution discharge with "one certificate for each enterprise". The Ministry of Environmental Protection distributed the Interim Provisions on the Licensing Management of Pollutant Discharge in December to standardize the procedures for application, examination, verification, issuing and management.

China started the reform of the supervision and regulation system for environments in 2015. It set up three new departments for the management of water, air and soil. The

General Office of the Central Committee of the Communist Party of China and the General Office of State Council printed and distributed the Guiding Opinions on the Work of Experiments on the Reform of the Vertical Management System for Law Enforcement through Monitoring and Supervision by Environmental Protection Organs at and below the Provincial Level in September. It started the Reform of the Vertical Management System for Law Enforcement through Monitoring and Supervision by Environmental Protection Organs at and below the Provincial Level.

—Strengthening the Work of Disclosing Information on Environments. The State Oceanic Administration published the Bulletin on China's Sea Level and the Bulletin on Ocean Disasters in China. The Bulletin on China's Sea Level reveals that the general tendency of change in the sea level in China between 1980 and 2015 was the rise with fluctuation, and the annual rise averaged three millimeters, higher than the global average. The Bulletin on Ocean Disasters in China showed that as a whole, the ocean disasters in 2015 were slight. They caused a direct economic loss of 7.274 billion yuan and 30 deaths (including missing persons). The General Office of the State Council distributed the Main Points of the Work of Disclosing the Major Administrative Affairs in 2016 in

April. It required the major regions and main cities to disclose more information on the air quality and more monitored information on the water quality of the sources of the concentrated drinking water. It required the major pollutant discharging units to disclose the names of their main pollutants, how they were discharged, the density and total quantity of the pollutants discharged, the excesses they discharged, and the construction and operation of their facilities for the prevention and control of pollutants.

The Ministry of Environmental Protection published the names of the major enterprises under supervision for seriously discharging pollutants in the first quarter of 2016 in May. A total of 75 enterprises in 19 provinces and autonomous regions were involved. The ministry and 31 other central departments distributed the Memorandum of Cooperation for Joint Punishment for Dishonest Producers and Sellers and their Relevant Employees in the Field of Environmental Protection in July, and published the information on the administrative punishment related to environments on the National Honesty Sharing Platform.

All provincial and prefectural environmental protection departments opened columns on the government gateway webs for the exposure of law violations in environments. The provincial environmental protection departments all disclosed their automatically monitored data from major state-owned enterprises on the government gateway webs. The Ministry of Environmental Protection published the list of major state-owned enterprises which exceeded the pollutant discharge quotas every three months.

—Environmental protection supervision. Central environmental supervision teams exercised supervision over environmental protection in Hebei Province, Inner Mongolia, Beijing, Shanghai, and Eighteen provinces, autonomous regions and municipalities. They accepted more than 33, 000 reported cases in 2016, and filed 8, 500 cases for punishment and fined more than 440 million yuan and held 6, 454 persons accountable for responsibility. Twenty-one provinces, autonomous regions and municipalities issued provisional plans for supervision in environment protection, and more than 20 provinces, municipalities and autonomous regions established environmental protection supervision organs.

—Investigating and handling environmental law violations. The ministry investigated 647, 000 projects built in violation of the law and discipline, and cleaned up and consolidated 618, 000 of them. It found 2, 641 small enterprises that caused serious pollution, and outlawed 2, 465 of them. It handled 974 cases of successive punishments on a daily basis, 9,622 cases of sealing up and seizure, and 5,211 cases of restricted or suspended production, and transferred 3,968 cases of administrative detention and 1,963 criminal cases of suspected environmental pollution.

(3) Administration of Justice for Ecological Civilization

—Formulating a batch of judicial documents for environments and resources. The Supreme People's Procuratorate published the Measures for the Implementation of the Experimental Work of the People's Procuratorate Concerning Public Interest Litigation in January. It made clear how a procuratorial organ brings a civil public interest case or an administrative public interest case. The Supreme People's Court issued the Measures for the Implementation of the Experimental Work of the People's Court on Hearing Public Interest Cases Filed by the People's Procuratorate in February. It made clear how the people's court hears a civil public interest case or administrative case filed by the people's procuratorate. The Supreme People's Court distributed the Opinions on Giving Full Play to the Role of Adjudicatory Function to Provide Judicial Service and Safeguard for Promoting the Construction of Ecological Civilization and

Green Development in June. It made clear the guiding thought, overall requirement, hearing principle and case type, and stressed the use of modern environmental judicial conceptions as the guide to explore the establishment of special organs, innovate the trial system and mechanism, study special hearing rules, strengthen the study of theoretical actual evidence, establish specialized trial teams and deepen judicial transparency and international exchanges in accordance with the requirements of the specialization of trials, and constantly improve services to guarantee the ability and standard of promoting ecological civilization and green development. The Supreme People's Procuratorate distributed the Opinions on Comprehensively Performing the Procuartorial Function to Provide Powerful Judicial Guarantee for the Construction of Healthy China in October. It prescribed special provisions on the punishment of crimes of destroying environmental resources and impairing ecological security. The Supreme People's Court and the Supreme People's Procuratorate jointly revised the Interpretation of the Supreme People's Court and the Supreme People's Procuratorate concerning Some Issues on the Application of the Law to Handling Environmental Pollution Criminal Cases in December. It further clarified the specific standards for the determination of the crime and sentencing for the offence of environmental pollution, and the specific standards for the determination of the offence and sentencing for the offence of disposing of imported solid wastes illegally, the offence of importing solid wastes without authorization and the offence of negligence in supervision over environments, and the specific application of the criminal policy of combining leniency with severity.

—Hearing environmental and resource cases. The courts throughout the country tried and closed 18, 900 criminal cases of environments and resources, 84, 700 civil cases of environments and resources and 29, 100 administrative cases of environments and resources in 2016. The procuratorial organs throughout the country prosecuted 29, 173 persons for the offences of destroying environments and resources. The Supreme People's Procuratorate carried out the activities of exercising supervision over filing special cases of destroying environments and resources, and suggested the transfer of 2, 016 cases of committing suspected offences, and supervised the handling of 22 major cases committed by Zhang Baifeng and others for the offences of discharging waste acids stealthily. The Supreme People's Procuratorate popularized the practices of Fujian, Guizhou, Jiangxi and Chongqing, and explored the ecological procuratorial model of " specialized legal supervision + restorative judicial practice + socialized comprehensive governance " to promote environment protection and ecological restoration. Since the newly revised Environmental Protection Law took effect on January 1, 2015, the courts accepted a total of 112 cases of environmental public interest cases of first instance and 54 cases of second instance, and closed 54 cases of first instance and ten cases of second instance. The court in Dezhou of Shandong Province tried and closed China's first public interest litigation case of air pollution in the Beijing-Tianjin-Hebei region and their surrounding areas since the new Environmental Protection Law took effect, and sentenced the defendant to a compensation of more than 21.98 million yuan for the restoration of the quality of the air environment in July.

—Promoting the reform of environmental judiciary. By the end of 2016, the courts throughout the country had set up 559 tribunals, collegiate panels and circuit tribunals, 17 higher people's courts set up special divisions for the trial of environmental and resources cases, and the courts in Fujian, Guizhou, Jiangsu, Yunnan and Chongqing established specialized systems of courts at three levels for the trial of environments and resources.

It promoted the trans-regional division of jurisdiction over environments and resources cases and the mode of hearing cases of environments and resources under the new divided jurisdiction. The courts in Guizhou, Jiangsu, Hubei, Guangdong, Hebei, Qinghai, Xinjiang, Beijing and Hainan exercised trans-regional concentrated jurisdiction over environments and resources civil cases of polluting environments and destroying ecology with the consequences of damages affecting other regions, environmental public interest cases and other types of environments and resources civil cases. It gradually promoted concentrated jurisdiction, special jurisdiction and upgraded jurisdiction over environments and resources cases in the major regions of Beijing-Tianjin-Hebei, the three-river source region of the Yangtze River, the Yellow River and the Lancang River, and the Yangtze River Basin to promote the sustained improvement of the quality of the environments in the major regions.

—Strengthening guidance by judicial policies for environment and resources. The Supreme People's Court issued the second batch of ten administrative cases of environmental protection in March. It issued ten typical cases of civil disputes over the mining right in July. It issued the Book Trial of Environments and Resources in China in the same month. It held a joint work meeting of the courts in Beijing, Tianjin and Hebei on the trial of environment and resource cases, and signed the Framework Agreement on Cooperation among the Courts in Beijing, Tianjin and Hebei in the Work of Trying Environment and Resource Cases in September. It issued the Opinions of the Supreme People's Court on Supporting the Major Arrangements for Accelerating the Construction of the Ecological Civilization Pilot Zone in September.

—Strengthening the theoretical research on environmental justice. It established a theoretical research base for environments and resources, a research base for environmental damage appraisal and a practice base for the trial of environment and resource cases, and organized academic seminars on the topics of "environmental rights and interests and the enactment of the civil code", "the judicial issues in the governance of environmental regions", "the theory and practice of green justice" and "seminars on the judicial confirmation of environmental damages" to keep close interactions with the academic circles.

—Promoting International cooperation in environmental

justice. The Supreme People's Court organized the International Symposium on the Judicial Response to Climate Change, organized the Bilateral High-Level Environmental Justice Seminars with France and Brazil, and sent the Chinese delegation of judges to attend the First World Environment Law Congress held in Rio de Janeiro, Brazil to further enhance communication and exchanges between China and other countries of the world in environmental justice.

Ⅷ. Legal Publicity, Legal Education and Legal Research

(1) Legal Publicity

—Starting the implementation of Seventh Five-Year Plan for the dissemination of the knowledge of the law. The Central Committee of the Communist Party of China and the State Council retransmitted the Seventh Five-Year Plan of the Publicity Department of the Central Committee of the Communist Party of China and the Ministry of Justice on the Dissemination of the Knowledge of the Law for Publicity and Education among Citizens (2016 – 2020) . All provinces, autonomous regions and municipalities made arrangements for the implementation of the Seventh Five-Year Plan. More than 50 departments and industries printed and distributed copies of the plan among their employers. A lecture group was formed for the purpose. It was composed of 43 lecturers selected from among the core members of the middle-aged and young people in law and leading cadres of the central political-legal organs.

—The Organization Department and Publicity Department of

the Central Committee of the Communist Party of China, the Ministry of Justice, and the Ministry of Human Resources and Social Security jointly printed and distributed the Opinions on Improving the System for the Study and Use of the Law by Government Functionaries in March. It put forward six major measures of improving the study system of the central groups of Party committees for the study of law, and improving the system for the regular study of the law, strengthening training for promoting the rule of law, persisting in making policy decisions according to law, performing duties strictly according to law and improving the assessment and evaluation mechanism. The Ministry of Education, the Ministry of Justice and the National Office of the Dissemination of the Knowledge of the Law issued the Programme for the Rule of Law Education among Young People and Children. It proposed the overall targets for the rule of law education among young people and children: disseminating the knowledge of the rule of law, fostering the consciousness of abiding by the law, standardizing the behaviors and habits, developing the sense of the rule of law, putting the idea of the rule of law into action and establishing belief in the rule of law. It was required that necessary knowledge of the law shall be included in the scope of assessment for school studies in the different stages of the students, and properly added in the entrance examinations for senior middle schools and schools of higher learning, and the attainments in the rule of law shall be regarded as an important part of the overall attainments of the students.

—Organizing publicity activities to mark the National Constitution Day. The Publicity Department of the Central Committee of the Communist Party of China, the Ministry of Justice and the National Office of the Dissemination of the Knowledge of Law jointly distributed the Circular on Organizing Concentrated Publicity Activities for the December 4 National Constitution Day in 2016 in November, made arrangements for a series of publicity activities on the Constitution and internal party regulations. Its theme was "Make Large Efforts to Develop the Spirit of the Rule of Law and Promote the 'Four Comprehensives Strategy through Coordination'". The Publicity Department of the CPC Central Committee, the General Office of the NPC Standing Committee and the Ministry of Justice jointly held a symposium to mark the December 4 National Constitution Day in December. The Ministry of Justice, the National Office of the Dissemination of the Knowledge of Law and CCTV presented a special programme for the occasion on giving awards to persons selected for outstanding merits in promoting the rule of law in 2016 under the theme of "the Spirit of the Constitution and the Power of the Rule of Law". The Ministry of Justice, the National Internet Information Office and the National Office of the Dissemination of the Knowledge of Law and the CCTV jointly organized the thirteenth carton micro-film show on the rule of law and the Tenth National Legal Knowledge Competition of 100 websites and WeChat public number under the theme of "Studying the knowledge of the Law and Foster the Belief in the Rule of Law". Local publicity departments also organized publicity and education activities with special characteristics.

—Establishing the media public interest system for the dissemination of the knowledge of law. The Publicity Department of the Central Committee of the CPC, the Central Internet Information Office, the Ministry of Justice, the State Administration of Press, Publication, Radio, Television and Film and the National Office of Dissemination of the Knowledge of the Law jointly distributed the Plan for Strengthening the Work of Public Interest Publicity to the Dissemination of the Knowledge of the Law by the News Media and Internet. Anhui and other provinces also issued normative documents on the public interest dissemination of the knowledge of the law, and established a joint meeting system on the public interest dissemination of the knowledge of the law, the system of the list of the names of the principal media organizations for law dissemination, the public interest record system and public interest law knowledge dissemination assessment mechanism. New media and new technologies were widely used in the dissemination of the knowledge of the law. There were about 800,000 subscribers for the WeChat public number for the dissemination of the knowledge of law in China, and the total number of fans for Microblog, WeChat and clients for the popularization of law exceeded six million. With the Microblog, WeChat and mobile client playing the leading role, it integrated the new media for the national popularization of the law and other new forms of news report and information to form the new media matrix for national law popularization.

—Continuing to organize the activities of "Double-Hundred" (one hundred lectures by one hundred jurists). While the "Double-Hundred" activities were carried out for leading government officials at all levels in 2016, more lectures on the rule of law were organized for teachers and students in schools of higher learning. The organizing committee invited noted specialists and scholars in law to give collectively prepared lectures on the topics of "General Secretary Xi Jinping's important thoughts on the rule of law", "the Legal Guarantee for the Implementation of the Five Concepts for Development", "Put the Economic and Social Development on the Track of the Rule of Law", "Promote the Exercise of Administration by Law to Accelerate the Construction of the Law-based Government", "Uphold the Overall State Security Concept to Safeguard the State Security according to Law", and "Use the Rule of Law Thinking and the Rule of Law Approaches to Promote the Construction of Ecological Civilization". The lecturers gave a total of 2,893 lectures for a total audience of more than 1,180,000 person times.

—Continuing to carry out the activities of young volunteers in popularizing legal culture at the grassroots. The local law societies at all levels carried out publicity activities for law popularization with peculiar characteristics and obvious results under distinctive themes. Their publicity activities were extended from schools, government offices, enterprises and rural areas to military camps, hubs of communications, shopping centres and markets. The audiences included grassroots cadres, peasants, urban residents, students and employers, servicemen, disabled persons, permanent alien residents. They organized more than 212,000 activities, released more than 30 million pamphlets, provided more than 110,000 legal services, and more than 55 million people benefited from the activities and services in 1,876 counties and cities.

—Intensively carrying out activities of promoting the rule of law at different levels and in diversified forms. The local regions deepened their activities of creating law-based cities and law-based counties (and districts) to create systems for promoting regional law-based governance of society. They deepened the law-based governance of the basic-level organizations and made large efforts to create democratic and law-based villages (communities), and promoted democracy and the rule of law at the basic level. All departments and industries deepened the law-based governance, and carried out activities of creating "demonstration units for exercising administration by law", "demonstration windows for civilized law enforcement", "honest and law-abiding businesses" and "running demonstration schools according to law". They exercised administrative power, handled matters and managed affairs according to law.

(2) Legal Education

—Trans-departmental training of legal personnel. The Supreme People's Procuratorate held the fourth informal discussion with five law professors selected from universities to take up temporary posts in the procuratorate in May. The Ministry of Education popularized the mechanism for training legal personnel through cooperation between law schools and judicial organs throughout the country, introduced from the Northwest China University of Political Science and Law throughout the country. The Supreme People's Court accepted 50 trainees in law from law schools and scientific institutions in October. Law schools and legal departments exchanged the lists of teachers selected from law schools and judicial workers selected from judicial organs in December. A total of 223 specialists from judicial organs and 219 teachers from law schools were selected from each side in December. The selected teachers would work as judges or procurators while the selected judicial personnel would teach in law schools. The China Applied Law Research Institute of the Supreme People's Court started the enrolment of law school graduates for post-doctoral studies.

—Educational reform for masters of law. The Ninth

Master of Law Educational Forum was held in Beijing in January. The theme of the forum was " Innovation of the Mechanism for the Training of Legal Personnel and Development of the Education for Graduate Students for Academic Degrees of Law" . The National Work Conference on the Assessment of the Second Batch of Cases from the Teaching Case Bank for Masters of Law under the Education Guidance Committee for Postgraduates of Different Academic Degrees in Law was held in Beijing in June. It collected a total of 118 teaching cases, and entered 44 of them in the bank. A training class of practice teaching for masters of law was opened in July. The Law School of the China Ren Min University issued the plan for the reform of the system for the training of masters (2016 - 2019), and adopted the measures of optimizing the proportion and direction for enrolment, strengthening the construction of the course and examination question bank, and improving the scholarship system and practice and job security. The Southwest China University of Political Science and Law established the China Arbitration College to train high-quality applied personnel from among masters of law by offering arbitral courses.

—Theme study for legal education and more academic seminars. The Third National Legal Education High-end

Forum and the Asian-Pacific Law School Dean Forum were held in Beijing in May. The topics for discussion included English legal education, legal profession in change and law schools. The 2016 Annual Meetings of the Guidance Commission for Legal Education in Schools of Higher Learning under the Ministry of Education, the Legal Education Research Society of the China Law Society and the Forum on New Development Concept and the Legal Education Reform were held in July. Participants had intensive discussions on the construction of the legal profession community, the development of the rule of law in the western regions and construction of moot courts. The Seventh Strait Forum of Deans of Law Schools was held in October. More than 100 specialists and scholars, including nearly 100 presidents of 60 universities and deans of law schools, were present. They had discussions on the issues concerning the construction of legal course and personnel training. The Fifth China-Australia Meeting of Deans of Law Schools was held in the Law School of the University of Western Australia in October. Fourteen Chinese deans of law schools and more than 30 deans of law schools of Australia had discussions on the "latest development of the legal education and policies of legal education in China and Australia", "the impact of the

China-Australia Free Trade Agreement on legal education", "how to promote the interdisciplinary teaching and studies in the legal education", and the "the development the legal profession and legal education". The Northwest China University of Political Science and Law set up the anti-terrorism law school, and the first class of anti-terrorism-oriented doctor candidates passed the oral defence of their theses. The Training Base for International Judicial Exchange and Cooperation of the China-Shanghai Cooperation Organization of the Shanghai College of Political Science and Law was completed to become an important platform for training judicial and law enforce personnel, training graduate students in the legal profession and promoting international judicial exchanges and cooperation.

(3) Legal Research

—Promoting the theoretical research on the socialist rule of law with Chinese characteristics. The China Law Society, decided on 12 major special topics on the interpretation of the spirit of the Sixth Plenary Session of the Eighteenth National Congress of the Communist Party of China on the basis of the Thirteenth Five-Year Plan, the spirit of the Sixth Plenary Session of the Eighteenth National Congress of the CPC and the lectures given by one hundred jurists. The Dong Biwu Legal Thought Research Society of the China Law Society held an academic seminar under the theme of "Carry Forward Dong Biwu's spirit of the rule of law to promote the new innovation and development of the socialist rule of law theory with Chinese characteristics". The Rule of Law Research Base of the China Law Society decided on the research on anti-terrorism, research on the South China Sea policy and law, research on the ASEAN law, research on the development of the rule of law and judicial reform, research on public law and research on the assessment of the rule of law. Organized and compiled by the China Law Society, the book Promote the Innovation and Development of the Socialist Rule of Law Theory with Chinese Characteristics was published.

—Research on legislative consultation and legislative theory. The China Law Society held 37 consultation meetings to discuss the drafts of the General Principles of the Civil Law, the Charity Law, the Environmental Protection Law, and 27 other laws, eight administrative regulations and two important departmental rules in 2016. The Local Legislative Assessment Academic Symposium of the Chongqing "2011 Plan" Cooperative Innovation Centre was held in March. It discussed the issues of the rule, efficiency and technique of the local legislation. The 11th China Jurists' Forum was held in August. Its theme was "Compilation of the Civil Code: Theory, System and Practice". A legislation seminar on the compilation of the Marriage and Family part and the Tort Liability Law part of the China Civil Code was held in October. The Legislation Science Research Society of the China Law Society held an academic annual meeting in November. Its theme was "Theory and Practice of the Socialist Legislation with Chinese Characteristics". A high-end forum on the issues of civil and commercial legislation and the part of the Contract Law in the compilation of the Chinese Civil Code was held in December.

—Research on the socialist judicial theory with Chinese characteristics. The China Law Society organized specialists and scholars to take part in the drafting and argumentation of the Opinions on the Reform of the Criminal Procedure System with Adjudication as the centre and made the third party evaluation of the four reforms of the judicial system, including the reform of the system of filing cases for registration in 2016. The Supreme People's Procuratorate published its 2016 topics for procuratorial theoretical research in July. It decided on 122 procuratorial judicial theory topics. The Supreme People's Court published its 28 major topics for judicial research for 2016 in November. China's first theoretical forum on the construction of the new-type judicial think tank was held in Shanghai in December. The country's first provincial judicial think tank society was established at the same time.

—Legal research on the Issue of the South China Sea. The China Law Society organized specialists and scholars to offer opinions and suggestions on the South China Sea arbitration case and issued the "Statement on the Unilateral South China Sea Arbitration Case Filed by the Republic of the Philippines". It supported and guided the Maritime Law Society to unite with the related universities in forming the phalanx for "the study of the Law of the Sea", and invited noted specialists in the field of the international law and the Law of the Sea to make major studies on the South China Sea issue and publish their articles in the media. The First High-End Forum on the Law of the Sea was held in March. The Wuhan University and the Leiden University of the Netherlands held the Symposium on the South China Sea Case and the International Rule of Law in June. A Seminar on the South China Sea Case attended by legal experts was held in Beijing in July. An Academic Seminar on the Impact on and

Response to the South China Sea Case was held in the Nanjing University in July. The Second High-end Forum on the Law of the Sea was held in Dalian in December.

—Plentiful achievements in the legal research made by all departments of legal sciences. The study of the constitutional law centered on the issues of the relations between the Constitution and the departmental laws, the Constitution and the formulation of new laws and the revision, annulment and interpretation of the laws, and the constitutional basis for making laws in the major fields. Jurisprudence focused on the issues of the law-based governance of the country and system construction in the background of globalization. Administrative Law focused the discussions on the legal issue of failure to exercise administration by law, market regulation and the Administrative Law, procuration and supervision over the administrative violation of the law, and the new problems of the law-based government. Civil Law focused its studies on the theory and practice of the compilation of the Civil Code. Intellectual Property Law focused its study on the relations between intellectual property rights and the Civil Code, construction of the intellectual property courts, and the Internet and intellectual property rights. Economic law centered on the Thirteenth Five-Year Plan, the five major development concepts, the reform of the supply-side structural reform and other hot issues of the economic and social development. Commercial jurisprudence strengthened its studies on the issues of the construction of the specific legal system for the commercial law and the internationalization of the financial rule of law. Criminal procedure law focused the study on the theme of "promoting the reform of the criminal procedure system with adjudication as the centre". Social law centered on themes of "the new normal of the economy, sharing of development and social law". Criminal law centered on the "relations between the criminal law and the administrative law in the reform of the criminal law", "the judicial application to the crime of terrorism" and "the judicial application to the crime of information networks". International economic law centered on the "international economic law and the governance of the global economy". Chinese legal history centered on the "transformation of the legal system and political civilization". Foreign legal history centered on "drawing on the experience of foreign countries in the compilation of the Civil Code".

Ⅸ. International Exchange and International Cooperation

China took an active part in the related legislative activities, made efforts to promote the democratic and law-based international relations, strengthened international cooperation and judicial assistance in combating corruption, held dialogues on the international rule of law and obtained positive achievements in international exchanges in different areas.

(1) Make Efforts to Promote International Cooperation and Judicial Assistance in Combating Corruption

—The Ministry of Justice, the British Embassy in China and the Organisation for Economic Co-operation and Development jointly held a "Anti-corruption International Criminal Judicial Assistance Symposium" in Beijing in April. About 60 people from more than 20 countries and five international organizations were present.

—The G20 Summit in Hangzhou reached important

consensus on international cooperation in combating corruption in September. China actively promoted the adoption of the G20 High Level Principles on Cooperation on Persons Sought for Corruption and Asset Recovery and the G20 2017 – 2018 Anti-Corruption Action Plan, and had the G20 Anti-Corruption Research Centre for Persons Sought for corruption and Asset Recovery established in China. The High-Level Principles were drafted by the Chinese party and was another anti-corruption international document adopted under the current international cooperation mechanism with China in the lead after the Beijing Anti-Corruption Declaration of the APEC in 2014. The Action Plan stressed that the reduction of corruption is a prime task of G20, and reaffirmed support to the mechanism for the review of implementation of the U. N. Convention against Corruption. The G20 Anti-Corruption Research Centre for Persons Sought for Corruption and Asset Recovery is the first for the related research work intended for the G20 member countries.

—Proposing international cooperation in combating corruption. A Chinese delegation attended the International Anti-Corruption Summit in London, and made a special topic speech on "Combat Corruption" in May. It proposed that the international community would further strengthen cooperation on persons sought for corruption and asset recovery. The Ninth Annual Meeting of the International Federation of Anti-Corruption Bureaus and its congress of members were held in Tianjin in May. The delegates to the meeting had full discussions on the theme of "The Future of the Anti-Corruption Organs: Draw on Experience and Plan Prospect", and adopted the Tianjin Declaration. A Chinese delegation attended the Fifth Meeting of Contracting Parties of the International Anti-Corruption College, briefed the meeting on China's efforts and new progress in combating corruption, and put forward concrete work suggestions for the development of the college in November. The acceptance of the executive summary of the first periodic review of the United Nations Convention against corruption by China (including the special administrative regions of Hong Kong and Macao) was published on the United Nations Web in November. The work of China's acceptance of the first periodic review was finished in the main. The meeting of the prosecutors-general of the BRICS countries was held in Sanya, Hainan Province under the theme of "Combat Corruption to Safeguard the Sustainable Development of Economy and Society" in December.

—The special work of seeking persons for corruption and

asset recovery. The "Net of Heaven 2016" Action was started in April, and China, the United States, Canada, Australia and New Zealand strengthened cooperation in law enforcement to seek the "100 Red Persons Wanted for Corruption". The Anti-Corruption Working Group of the Chinese-U. S. Joint Liaison Group (JLG) on Law Enforcement Cooperation held its 11th meeting in the United States in September. Yang Xiuzhu, the No. 1 suspect of the "100 Red Persons Wanted for Corruption" returned home to surrender in November. Her return to justice was an important achievement in the law enforcement cooperation between China and the United States against corruption. Moreover, the concerned departments of China, the United States, Canada, Australia and New Zealand cooperated closely to persuade a number of suspects of the "100 Red Persons Wanted for Corruption" to return home to surrender.

—Concluding judicial assistance treaties. China had negotiations with Australia, Belgium and some other countries on 13 judicial assistance treaties and completed the signing of the 13 treaties. It completed the ratification procedure for the Extradition Treaty between China and Tadzhikistan, the Criminal Judicial Assistance Treaty between China and Malaysia and the Criminal Judicial Assistance treaty between China and Sri Lanka, and completed the work for the mutual exchange of the instruments of ratification for the Extradition Treaty and the Treaty on the Transfer of Sentenced Persons between China and Iran. China and Canada formally signed the Agreement between the People's Republic of China and Canada on the Sharing and Return of the Recovered Assets in September. The agreement was the first special agreement China concluded with other countries on the recovery of illegal criminal income transferred abroad. China and Kenya completed the negotiations on the Criminal Judicial Assistance Treaty and the Extradition Treaty and initiated their texts in December.

—Participating in the activities of international seminars against corruption. The Ministry of Supervision and the International Anti-Corruption College held a China-ASEAN Anti-Corruption Seminar in Yunnan in November. This was China's first regional anti-corruption cooperation project, and opened the new area for China-ASEAN cooperation, and promoted the extension of the achievements of the G20 Summit in Hangzhou to the international community. The seminar centered on the theme of "Anti-Corruption and Sustainable Development", exchanged experience and challenges of the participating countries in combating corruption, and discussed how to promote regional anti-corruption cooperation and the regional sustainable development by combating corruption.

(2) Actively Participating in International Legislation

—In the aspect of the International Law of the Sea. A Chinese delegation attended the Twenty-sixth Conference of the States Party to the United Nations Convention on the Law of the Sea in June. The delegation stressed that the dispute resolution mechanism is an inseparable part of the integral whole, and all parties should uphold the aim of the Convention, comprehend and apply the Convention and its dispute resolution mechanism with good intention, accurately and wholly, avoid the abuse of or improper expansion of the power, and continue to follow the rules and principles of the general international laws as the applicable law. The Chinese representative stressed at the Seventy-first General Assembly of the United Nations in December that all countries should promote the rule of law in the seas and establish and safeguard equitable and rational maritime order. He said that the so-called "South China Sea case" was invalid and unbinding, and this was why China did not accept it, did not participate in it and would not recognize it. He said that the so-called

" South China Sea case" was a thing of the past. China would, as usual, be a defender of the international maritime rule of law and be a builder of the harmonious sea order.

—Climate change and polar law. Vice Premier Zhang Gaoli, Special Envoy of President Xi Jinping, was present at the high-level signing ceremony of the Paris Agreement at the Headquarters of the United Nations in New York and signed the Paris Agreement on behalf of China in April. The Chinese delegation attended the Thirty-ninth Antarctic Treaty Consultative Meeting in May. It told the meeting that China would host the Fortieth Antarctic Treaty in 2017. President Xi Jinping, President Barack Obama and Ban Ki-moon, Secretary General of the United Nations, were present together at the ceremony of the deposit of the instruments of ratification of the Paris Agreement on Climate Change in Hangzhou in September. President Xi Jinping said that the deposit of the instruments of ratification of the Paris Agreement on Climate Change by China and the United States together showed their ambition and determination to cope with the global issue together. The international community should make use of the opportunity and double the efforts, constantly strengthen and improve the global governance system, and innovate the route to cope with the climate change to promote the early effectiveness of the Paris Agreement. The Chinese delegation attended the Fourth Forum on the Arctic Circle in October, and expounded China's views on cooperation in the Arctic region.

—International criminal law and anti-terrorism law. The Chinese delegation was present at the Twenty-fifth meeting of the United Nations Crime Prevention and Criminal Justice Commission in Vienna in May. It appealed to all countries to give full play to their leading role in international anti-terrorist cooperation, strengthen international cooperation in the areas of security and anti-terrorism, strengthen judicial cooperation in the fields of combating transnational organized crime and corruption, and refuse to provide "shelter" for criminals and criminal assets, strengthen investigation and study of the new types of criminal offences, including cyber crime and trafficking and transportation of cultural property, and explore new forms of international law to cope with them. The Chinese delegation attended the Eighth Conference of States Party to the United Nations Convention against Transnational Organized Crime in October, and made a speech to stress that all countries should make full use of the Convention to carry out cooperation in extradition, judicial assistance and asset recovery, establish a proper and effective performance review mechanism, strengthen international cooperation and legislation against cyber crime to strengthen practical cooperation against transnational crime.

The Chinese delegation made a speech at the ministerial-level open meeting of the Security Council in December. It said that all countries should strengthen cooperation at the legal level of the anti-terrorism action and weave the Net of Justice cooperation on the globe and all regions against terrorism, strengthen cooperation in legislation, justice and law enforcement, and center on combating the use of the Internet to carry out terrorist activities, strengthen supervision on the Internet and investigate the liability of the trouble makers for the terrorist activities.

—Outer space law. China and the United Nations Office for Outer Space Affairs signed the Cooperation Framework Agreement on the use of the Chinese space station in March. The Chinese delegation made a speech at the Fifty-fifth Meeting of the Legal Subcommittee of the United Nations Committee on Peaceful Uses of Outer Space. It stressed that the rule of law is the fundamental guarantee for the use of the outer space for peaceful purposes and the long-term sustainable development of the outer space and the outer space activities of any country should be guided by the Outer Space

Treaty, principles and declaration and be carried out according to law. International cooperation is an important means to promote the process of the rule of law for outer space, and the rule of law for outer space is really the system guarantee for international cooperation. The Chinese delegation attended the Tenth United Nations Outer Space Law Seminar, and made a theme speech. It said that the rule of law is the important basis for safeguarding the security and sustainability of the outer space. It must keep time with the development and constantly improve the Outer Space Law and the rule system, and steadily promote the formulation of the "soft law" for the outer space, and give full play to its role.

(3) Actively Promote Inter-governmental Dialogues

—China and Russia jointly issued the Statement of China and Russia on Promoting International Laws. The foreign ministers of the two countries signed and issued the statement in June. This was an important practice of China and Russia in jointly promoting the international rule of law. It was not only the first practice in the histories of the two countries, but also the first innovation in international relations. The statement showed the firm commitment of the two Security Council member countries to the international law. It signified a new height of the communication, coordination and cooperation between the two countries in the sphere of the international law, adding new connotation to the comprehensive strategic partnership between China and Russia.

—Exchanges on the rule of law between China and Europe, and North America. Cao Jianming, Procurator-General of the Supreme People's Procuratorate, visited Czech and signed a Cooperation Memorandum of Understanding between the prosecuting offices of the two countries with the Czech attorney-general in April. The Conference of Presidents of Supreme Courts of China and Central and Eastern European Countries was held in Suzhou of Jiangsu Province in May. Presidents and grand justices of the supreme courts of the participating countries had discussions on the theme of "Justice in the Global Information Era". The conference adopted the Suzhou Consensus. Wang Yongqing, Secretary-General of the Central Committee of Political and Legislative Affairs, and the state security advisor of the Canadian prime minister jointly presided over the first Chinese-Canadian high-level dialogue on state security and the rule of law in September. The two sides decided on the functional scope of the dialogue, clarified the structure of the dialogue and the framework for future cooperation, and held intensive consultations on cooperation in anti-terrorism, cyber security, combating cyber crime, combating trans-national organized crime, law enforcement affairs, consular affairs and exchanges in justice and the rule of law. The Joint Liaison Group of the China-U. S. Law Enforcement Cooperation held its fourteenth plenary meeting in Beijing in November.

—Dialogues under the framework of the Shanghai Cooperation Organization. Relevant Leaders attended the Fourth Meeting of the Ministers of Justice of Member Countries of the Shanghai Cooperation Organization in Alma Ata, Kazakhstan in October. She stressed that they should increase exchanges, strengthen cooperation to provide legal services and guarantee for the construction of "the Silk Road and Economic Belt". The Ministry of Justice held an international forum on the legal service for the Silk Road for the member countries of the Shanghai Cooperation Organization in Yiwu of Zhejiang Province in November. The meeting of the attorneys general of the member countries of the Shanghai Cooperation Organization signed the minutes of the meeting. It decided that the procuratorial organs of the member countries would further carry out international cooperation to combat cyber terrorism.

—Activities under the framework of the Asian-African Legal Consultative Organization. A Chinese delegation attended the Fifty-fifth Annual Session of the Asian-African Legal Consultative Organization in New Delhi, India, in May. It appealed to the countries on the two continents to increase their support and investment to the organization to further expand its representativeness and influence, promote the international rule of law and justice, and at the same time to strengthen unity and coordination and keep vigilance against any act of the abuse of the international judicial procedure against Asian and African countries. The Chinese delegation also had profound discussions with the other participating countries on the International Law on Cyber Space, the Law of the Sea, combating violence and extremism, and the International Law Committee. The Ministry of Foreign Affairs held the second international law training class for the International Law Exchange and Research Programme of the China-Asian-African Legal Consultative Organization in Beijing in August.

—Exchange with ASEAN countries. The Tenth Conference of Attorneys-General of China and the ASEAN member countries was held in Vientiane, Capital of the Laos in November. The theme of the conference was " Strengthen

International Cooperation and Effectively Combat Transnational Crime" . It focused on the issues of trafficking drugs and kidnapping and selling women and children. Cao Jianming, Pocurator-General of the Supreme People's Procuratorate, attended the conference. He said that China would promote the profound cooperation in regional procuration from the new starting point and establish a still closer China-ASEAN Community of Destiny.

—The consultation mechanism for directors of the treaty and law departments worked well. The directors of the departments of treaty and law of the foreign ministries of China and Russia had consultations together in January. They exchanged views on the issues of the Law of the Sea, dispute resolution, the five permanent members of the Security Council and the consultations among the directors of the treaty and law departments of the BRICS countries. The directors of the treaty and law departments of the Chinese and German ministries of foreign affairs had an extensive exchange of views on the Law of the Sea, and the International Law on Cyber Space in March. The consultations of the directors (or legal counsel) of the treaty and law departments of Chinese and Australian foreign ministries and their judicial law enforcement cooperation consultations were held in Canberra in March. The two parties had profound exchanges on the issues of the Law of the Sea, judicial law enforcement, the International Humanitarian Law and Antarctic cooperation. The consultations of the directors of the treaty and law departments of the five permanent members of the Security Council were held in Nanjing in June. They exchanged views on the topics of armed combat against terrorism and the right of self-defence, extraterritorial jurisdiction, state immunity, the Law of the Sea and the International Law on Cyber Space. The first legal dialogue and judicial law enforcement cooperation round-table meeting between China and New Zealand took place in Wellington of New Zealand in June. The two sides exchanged views with each other on the topics of the Law of the Sea and state immunity as well as their domestic legal systems of extradition and judicial assistance and the practice of international cooperation. The consultations of the directors (legal counsel) of the treaty and law departments of the Chinese ministry of foreign affairs and U. S. Department of State took place in Washington in November. The two sides exchanged views on the topics of the work mechanisms for diplomatic legal affairs, the Law of the Sea, sovereignty immunity, consular law, the International Law on Cyber Space, and the International Humanitarian Law.

(4) Practical Exchanges in Law with Other Countries

—Exchanges with BRICS countries. The delegation of the China Law Society attended the Third Legal Forum of the BRICS countries in New Delhi, India, in September. The delegation discussed with the other participating delegations on the hot frontier topics of "Major Issues and Key Areas of the Financial and Legal Cooperation of BRICS Countries" and "New Emerging System of the International Civil and Commercial Laws: the Actual Need of the BRICS Countries to Construct the Uniform Strategy and Cooperation Mechanism", and put forward suggestions on promoting the development of the forum and how to use the rule of law to acquire the consensus of the BRICS countries on cooperation and prevent and resolve risks and disputes in cooperation.

—Legal exchange under the ASEAN framework. The China Law Society and the Judicial College of Thailand jointly organized the China-ASEAN Legal Forum— "the High-Level Rule of Law Seminar for Promoting Sustainable Development" in May. The China-ASEAN Legal Research Centre and the Thai Judicial College signed the Cooperation Memorandum. The First "China-ASEAN Commercial Arbitration Cooperation Forum" organized under the guidance of the

China Law Society was held in Haikou, China, in September. The theme of the forum was "One Belt and One Road, Hand in Hand for Service". Its basic concept is "Discuss together, Build together and Share together", its carrier is "Arbitral Theory and Practical Exploration", and they discussed how to build the service platform for arbitral cooperation between China and the ASEAN. The concerned organizations of China, Cambodia and Singapore signed a "Cooperation Agreement". They decided to jointly establish a management organ, recommend arbitrators, and use international commercial practices and laws to arbitrate disputes. This was of pioneering significance in the field of international arbitral cooperation. The China-ASEAN Legal Forum, the China-ASEAN Internet Financial Legal Change and Cooperation Seminar, organized by the China Law Society, was held in Kunming in December. The participants had discussions on the issues of the Internet financial legislation and innovation of the China-ASEAN, the issue of the China-ASEAN Internet financial risk supervision and control and the issue of China-ASEAN financial judicial practice. Its purpose was to provide more legal guarantee for the sustainable and healthy development of the China-ASEAN Free Trade Zone in the "Internet +" era.

—The Wisdom Court and the Cyber Legal Forum of the Third World Internet Conference was held in Zhejiang in November. Zhou Qiang, President of the Supreme People's Court, was present and made a speech at the opening ceremony of the conference. The conference adopted the "Wuzhen Consensus". It stressed that the countries would continue to expand and deepen their exchanges and cooperation in the court information and the rule of law in the cyber space, and strengthen the exchange of experience and the sharing of achievements in using information technology to promote judicial transparency, litigious services, case trials, court management and case studies, and promote the establishment of the mechanism for cooperation and exchange of court information.

—Exchanges in law with other Asian countries. A delegation of the China Law Society visited India and Sri Lanka in September. The Second China-Japan-ROK Legal Forum and the Fourth Northeast Asia Legal Forum was held in Changchun in October. The theme of the forum was "Strengthen Regional Legal Cooperation and Open the New Future of Northeast Asia". The China Law Society organized the China-South Asia Legal Forum in Kunming in December. The theme of the forum was "Strengthen Joint

Action for the Rule of Law, and Build One Belt and One Road Together" . After the conclusion of the forum, the China-South Asia Legal Training Base organized its first seminar class in the Yunnan University.

—Exchange with Europe and America. A delegation of the China Law Society visited Britain, Canada and the United States, made wide contacts and profound exchanges with the jurisprudential and legal organizations of the three countries and organized 13 informal discussions and two academic seminars in July. The Chinese delegation attended the seminar and celebration to mark the 20th anniversary of the founding of the International Law of the Sea Court in Hamburg in October. It refuted the erroneous views on the "South China Sea arbitration case" . The China-Britain Rule of Law Round-Table Conference was held in Beijing in November. The China Law Society and the British-Chinese Association signed the Bilateral Cooperation Memorandum. The participating specialists and scholars had extensive discussions on the significance and influence of the "One Belt and One Road" proposal on the world economy, the construction of the "One Belt and One Road" and the legal service and cooperation between China and Britain. The conference was the highest level cooperation between the two countries in the area of the rule of law.

Concluding Remarks

2017 is the crucial year in the decisive period of the decade when China builds a moderately prosperous society in an all-round way. China will hold the Nineteenth National Congress of the Communist Party of China. It will catch the eyes of the world and holds extraordinary significance.

The Sixth Plenary Session of the Eighteenth National Congress of the Communist Party of China made a special study of enforcing the rigorous discipline of the Communist Party in an all round way in October 2016, and adopted the Code of Conduct for Intraparty Political Life Under New Circumstances and the Regulations of the Communist Party of China on Internal Oversight. To govern the country, we must first govern the party, and govern it with strict discipline. To enforce strict discipline, there must be laws. The governance of the party with strict discipline and the governance of the country by law complement each other, and to supervise and govern the party according to rules is the vivid manifestation of the comprehensive governance of the country by law in the building of the party. The Code of Conduct for Intraparty Political Life Under New Circumstances further stresses that "the party organizations and leading cadres at all levels must carry out their activities within the limits of the Constitution and laws, enhance their rule of law consciousness, carry forward the spirit of the rule of law, consciously handle affairs according to the legal competence, rules and procedure, never replace law with personal words or use power to suppress law, nor bend the law for personal gains or intervene in judicial activities." The words of "play an exemplary role in abiding by the Constitution and the law" from the Regulations of the Communist Party of China on Internal Oversight were defined as one of the main contents of the internal oversight. The integrated governance of the county under the rule of law and governance of the party under systems, which proceed together under an overall plan, enriched and developed the socialist theory of the rule of law with Chinese characteristics, and the Communist Party of China will certainly lead the Chinese people to make efforts to write a brilliant page of promoting the rule of law in China.

Annex

Ⅰ. Laws, Legal Interpretations and Decisions Formulated and Revised by the Standing Committee of the National People's Congress in 2016 (23 items)

1. Law of the People's Republic of China on the Exploration and Development of Resources in Deep Seabed Areas

2. Charity Law of the People's Republic of China

3. Law of the People's Republic of China on Administration of Activities of Overseas Nongovernmental Organizations in the Mainland of China

4. Asset Appraisal Law of the People's Republic of China

5. Law of the people's Republic of China on the Protection of Wildlife

6. Decision of the Standing Committee of the National People's Congress on the Revision of Six Laws including the Energy Conservation Law of the People's Republic of China

7. Law of the People's Republic of China on National Defense Transportation

8. Decision of the Standing Committee of the National People's Congress on the Revision of Four Laws including the Law of the People's Republic of China on Foreign-funded Enterprises

9. Cyber Security Law of the People's Republic of China

10. Law of the People's Republic of China on Promoting the Film Industry

11. Decision of the Standing Committee of the National People's Congress on the Revision of the Law of the People's Republic of China on Promoting Privately-Run Schools

12. Decision of the Standing Committee of the National People's Congress on the Revision of the Law of the People's Republic of China on the Protection of Maritime Environments

13. Decision of the Standing Committee of the National People's Congress on the Revision of Twelve Laws, including the Foreign Trade Law of the People's Republic of China

14. Law of the People's Republic of China on Traditional Chinese Medicine

15. Law of the People's Republic of China on Public Cultural Service Guarantee

16. Law of the People's Republic of China on Environmental Protection Tax

17. Interpretation of the Standing Committee of the National People's Congress on Article 104 of the Basic Law of the Hong Kong Special Administrative Region of the People's Republic of China

18. Resolution of the Standing Committee of the National People's Congress on the Seventh Five-Year Publicity and Education on the Rule of Law

19. Decision of the Standing Committee of the National People's Congress on Authorizing the Supreme People's Court and the Supreme People's Procuratorate to Make Experiments in Some Regions on the Introduction of the System of Giving Leniency for Pleading Guilty in Criminal Cases

20. Decision of the Standing Committee of the National People's Congress on the Work of Making Experiments on the Reform of the State Supervision System in Beijing, Shanxi Province and Zhejiang Province

21. Decision of the Standing Committee of the National People's Congress on Authorizing the State Council to Make Temporary Adjustments to the Application of the Relevant Provisions of the Civil Servants Law of the People's Republic of China in Some Regions and Some Central Organs in Beijing

22. Decision of the Standing Committee of the National

People's Congress on Authorizing the State Council to Make Temporary Adjustments to the Application of the Relevant Provisions of the Social Insurance Law of the People's Republic of China in the Administrative Areas of the City of Handan in Hebei Province and Eleven Other Experimental Cities

23. Decision of the Standing Committee of the National People's Congress on Making Temporary Adjustments to the Application of the Provisions of the Relevant Laws in the Period of the Reform of the Officer System

Ⅱ. Administrative Regulations Formulated and Revised by the State Council in 2016 (8 items)

1. Decision of the State Council on the Revision of Some Administration Regulations

2. National Regulations on Social Security Funds

3. Decision of the State Council on Revising the Regulations on the Administration of the Circulation and Preventive Inoculation of Vaccines

4. Regulations on Farm Irrigation and Water Conservancy

5. Decision of the State Council on Revising the Regulations of the People's Republic of China on Customs Inspection

6. Decision of the State Council on Revising the Decision of the State Council on Setting Administrative Licensing on Items Requiring Administrative Approval That Should Be Reserved

7. Regulations on Radio Administration of the People's Republic of China

8. Regulations on the Administration of Approval and Records for Enterprise Investment Projects

Ⅲ. Judicial Interpretations Issued by the Supreme People's Court and the Supreme People's Procuratorate in 2016 (29 items)

1. Interpretation of the Supreme People's Court concerning Some Issues on the Application of the Law to Hearing Cases of Disputes over Patent Infringements (2)

2. Provisions of the Supreme People's Court on the Issue of Maritime Case Jurisdiction

3. Written Reply of the Supreme People's Court on the Issue of the Limitation for Making Objection to the Termination of An Act of Execution by A People's Court Raised by the Hubei Provincial Higher People's Court

4. Provisions of the Supreme People's Court on the Scope of Maritime Courts for the Acceptance of Cases

5. Interpretation of the Supreme People's Court concerning Some Issues on the Application of the Property Law of the People's Republic of China (1)

6. Written Reply of the Supreme People's Court concerning the Issue on the Disposal of Sealed-up Property by the Court That First Seals up the Property and the Court That Executes the Privileged Debts

7. Decision of the Supreme People's Court on Revising the Court Rules of the People's Courts of the People's Republic of China

8. Interpretation of the Supreme People's Court Concerning Some Issues on the Application of the Law to Hearing Criminal Drug Cases

9. Interpretation of the Supreme People's Court and the Supreme People's Procuratorate concerning Some Issues on the Application of the Law to Handling Criminal Cases of Corruption and Bribery

10. Interpretation concerning Some Issues on the Application of the Law to Hearing Consumer Civil Public Interest Litigation Cases

11. Provisions of the Supreme People's Court on How People's Courts Handle Cases of Accepting Mainland Residents Sentenced in the Taiwan Region to Return to Serve

Sentences in the Mainland

12. Written Reply of the Supreme People's Court on the Issue of Jurisdiction over the Case Arising from the Sinking of the " Ruisheng " Ship in the Sea Area adjacent to the Huangyan Island.

13. Written Reply of the Supreme People's Court concerning Issues on the Application of Paragraph two, Article 225 of the Criminal Procedure Law

14. Provisions of the Supreme People's Court on Specially-Invited Mediation by People's Courts

15. Written Reply of the Supreme People's Court on the Issue ofthe Procedure related to Cases of the Order of Protection of Personal Security

16. Provisions of the Supreme People's Court concerning Some Issues on Hearing Relevant Cases Occurring in Sea Areas under Chinese Jurisdiction (1)

17. Provisions of the Supreme People's Court concerning Some Issues on Hearing Relevant Cases Occurring in Sea Areas under Chinese Jurisdiction (2)

18. Provisions of the Supreme People's Court concerning Some Issues on Online Judicial Sale by People's Courts

19. Provisions of the Supreme People's Court on the Publication of Judgements on the Internet by People's Courts

20. Interpretation of the Supreme People's Court concerning Some Issues on the Application of the Law to Hearing Judicial Compensation Cases in Civil and Administrative Litigations

21. Provisions of the Supreme People's Court concerning Some Issues on the Alteration and Addition of Parties in Civil Executions

22. Provisions of the Supreme People's Court concerning Some Issues on Handling Cases of Property Preservation by People's Courts

23. Provisions of the Supreme People's Court on the Specific Application of the Law to Handling Commutation and Parole Cases

24. Provisions of the Supreme People's Court concerning Some Issues on the Hearing Cases of Disputes over Independent Letters of Indemnity

25. Interpretation of the Supreme People's Court and the Supreme People's Procuratorate concerning Some Issues on the Application of the Law to Handling Criminal Cases of Illegal Mining and Destructive Mining

26. Interpretation of the Supreme People's Court concerning Some Issues on the Specific Application of the Law to Hearing Criminal Cases of Practicing Medicine

Illegally

27. Interpretation of the Supreme People's Court concerning Some Issues on the Specific Application of the Law to Hearing Criminal Cases of Kidnapping and Selling Women and Children

28. Interpretation of the Supreme People's Court and the Supreme People's Procuratorate concerning Some Issues on the Application of the Law to Handling Criminal Cases of Environmental Pollution

29. Decision of the Supreme People's Court on the Revision of the Provisions of the Supreme People's Court concerning the Trial of Cases by Circuit Courts

图书在版编目(CIP)数据

中国法治建设年度报告.2016/中国法学会编著.
—北京:法律出版社,2017
ISBN 978-7-5197-1031-6

Ⅰ.①中… Ⅱ.①中… Ⅲ.①社会主义法制—建设—研究报告—中国—2016 Ⅳ.①D920.0

中国版本图书馆CIP数据核字(2017)第130697号

中国法治建设年度报告(2016)
ZHONGGUO FAZHI JIANSHE NIANDU BAOGAO(2016)

中国法学会 编著

策划编辑 易明群
责任编辑 易明群
装帧设计 李 瞻

出版 法律出版社
总发行 中国法律图书有限公司
经销 新华书店
印刷 中煤(北京)印务有限公司
责任印制 胡晓雅

编辑统筹《中国法律评论》编辑部
开本 787毫米×1092毫米 1/16
印张 16 **字数** 130千
版本 2017年6月第1版
印次 2017年6月第1次印刷

法律出版社/北京市丰台区莲花池西里7号(100073)
网址/www.lawpress.com.cn
投稿邮箱/info@lawpress.com.cn
举报维权邮箱/jbwq@lawpress.com.cn
销售热线/010-63939792
咨询电话/010-63939796

中国法律图书有限公司/北京市丰台区莲花池西里7号(100073)
全国各地中法图分、子公司销售电话:
统一销售客服/400-660-6393
第一法律书店/010-63939781/9782 西安分公司/029-85330678 重庆分公司/023-67453036
上海分公司/021-62071639/1636 深圳分公司/0755-83072995

书号:ISBN 978-7-5197-1031-6 **定价:**48.00元